KB271686

두뇌를 3% 더 활용하는
초사고 테크닉

두뇌를 **3%** 더 활용하는

초사고 테크닉

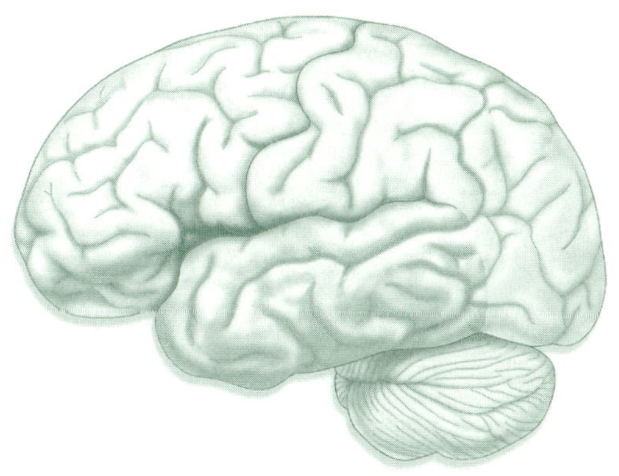

나카가와 아키히코 저 | 김은진 역

이 책은 샐러리맨, 개인사업자, 학생, 주부 등 모든층의 독자들을 대상으로 '초사고', '초사고법'에 관해 실질적으로 도움이 되는 노하우를 이해하기 쉽게 소개한 책이다. 초사고란? • 그것이 미치는 범위와 분야의 방대함에 있어서 • 질적인 수준과 깊이에, 있어서, 그로부터 파생되는 가치, 아이디어, 창조물, 이익 같은 성과의 크기에 있어서 평균 수준을 훌쩍 뛰어넘는 다원적인 사고이다. 그리고 이러한 초사고를 가능하게 하는 비결과 기술을 정리해 놓은 것이 바로 초사고법이다. 한마디로 말하면, 자기 주변의 사람보다도 경쟁우위에 서는 탁월한 사고가 초사고이고, 누구나 감탄할 만한 탁월한 사고법이 초사고법이다. 이 책이 제시하는 다채로운 초사고법의 구성 line up은 다음과 같다. ①사고의 기본이 되는 소프트웨어 ②원·투·쓰리사고one·two·three thinking 또는 선택적 사고option thinking ③교차사고cross thinking ④논리적 사고logical thinking ⑤통계사고 ⑥실용사고 ⑦감성적 사고 sensitive thinking ⑧행동적 사고 ⑨사고감각, 사고력을 향상시키는 초 노하우. 이 초사고법을 다 읽고 자기 것으로 만들어 실천하기만 하면, 누구라도 반드시 지금보다 훨씬 더 탁월한 사고의 지존이 될 수 있다고 확신한다. 사고 관련 서적은 자칫하면 추상적이고 실천하기 어려운 것들이 많은데 이 책에서는 그렇게 되지 않도록, 실질적이고 즉효를 얻을 수 있는 초사고법을 곱씹어 소개해 나가고 있다. 특히, 실제로 머릿속에서 사고가 싹튼 다음 발전하고 변화해 완성되기까지의 '사고현장'을 가능한 한 리얼하게 그려내려고 노력했다.

이치
ichi

역자 서문

　　사람은 일생 동안 뇌의 극히 일부분만을 사용한다고 한다. 그럼에도 불구하고 우리는 한시도 빼놓지 않고 뭔가를 생각하고 있다는 느낌이 든다. 특히나 현대인들은 생각이 너무 많아 항상 머리가 뻐근하고 복잡하다. 그것은 어쩌면 효과적인 생각하기를 하지 못하기 때문이 아닐까? 그런 의미에서 이 책은 사고를 두뇌 서랍에 차곡차곡 정돈하여 필요할 때 필요한 사고를 종류별로 언제든지 꺼내 씀으로써 일상생활 곳곳에서 최대의 능력을 발휘하고 마음의 안정을 누릴 수 있게 되는 비결을 가르쳐주고 있다.

　　라디오를 들을 때 도로 상황을 알고 목적지에 빨리 도착하기 위해 교통정보에 귀를 기울인다면 수렴형 사고의 소유자이고, 사람과 교통정보에 귀를 기울이기보다 거기서 나오는 지명을 기억하거나 리포터의 목소리, 화법에 흥미를 갖거나 명확하지 않은 연상에 잠긴다면 확산형 사고를 하는 사람이다. 또 업무 관련 용어를 찾을 때 조사를 다 미치고 나면 그것을 토대로 사고를 더 깊게 한다면 그것은 수렴사고, 한창 조사 중에 옆에 실려 있는 다른 화제에 흥미를 갖고 옆길로 새어나간다면 확산사고에 익숙한 것이다.

여러분은 걷기를 좋아하는가? 요즘 걷기 다이어트 등 걷기에 관심이 많은데, 걷는 행동은 더없이 단순소박한 행동이지만 사고에 많은 영향을 끼친다. 천천히 걷는 리듬이 사색의 리듬에 딱 들어맞기 때문에 다양한 생각을 천천히 떠올려 숙성시키고 싶을 때는 이 걷기를 이용하면 좋을 것 같다. 역자도 생각이 복잡해 머릿속을 정돈하고 싶을 때는 조금 피곤하다 싶을 정도로 반나절 정도 걷기를 하는데, 그러고 나면 머리 속이 말끔해져 이를 자주 이용하는 편이다.

또, 일을 할 때 고도의 집중력과 신속함이 요구될 때가 있다. 역자 또한 그런 일이 많은데,

초사고의 습관을 익혀나가는 가운데 전보다 훨씬 집중력이 높아져 약속한 날짜보다 더 빠르게 일을 처리할 수 있었다. 그리고 그 후의 뿌듯한 만족감은 어떤 기쁨보다 값진 것임을 알 수 있었다. 만약 집중력을 월등하게 향상시키고 싶다면 이 책의 '집중력을 향상시키는 36가지 방법'을 보라. 마음의 안정을 찾고 싶을 때, 생각의 방향을 안쪽으로 모으고 싶을 때, 집중력을 한 단계 더 높이고 싶을 때, 창조적인 발상을 해야

할 때 등에 필요한 해법을 꼭 찾을 수 있을 것이다.

　그 밖에도 이 책에는 사고와 관련된 재미난 칼럼과 각 사고마다 적절하고 이해하기 쉬운 예들이 제시되어 있어 읽어나가는 동안 사고의 패턴과 방법이 기존의 것보다 훨씬 업그레이드되어 있음을 실감하리라 확신한다.

　어떤 어려움에 부딪쳤을 때 초사고를 할 줄 알면 비관하거나 화내지 않고도 문제를 거뜬히 해결할 수 있다.

　일상생활에서 빠른 계산과 빠른 두뇌회전이 필요할 때 초사고를 할 줄 알면 더 많은 이익을 얻을 수 있다.

　오감이 맑아지고 번뜩이는 직관력이 필요할 때 초사고를 할 줄 알면 천재 못지않은 예술적 능력도 발휘할 수 있다.

　오늘부터 여러분도 뇌 안의 칠판에 생각을 잘 쓰고 지워 도로정비가 잘 된 깔끔한 뇌를 만들어 나갈 수 있다면 좋겠다.

2004년 가을
머리 맑은 날 오후

글 첫머리에

이 책은 샐러리맨, 개인사업자, 학생, 주부 등 모든 층의 독자들을 대상으로 '초사고', '초사고법'에 관해 실질적으로 도움이 되는 노하우를 이해하기 쉽게 소개한 책이다.

인사에 앞서 초사고와 초사고법이란 어떤 것인지 간략하게 정의를 내리려 한다.

초사고란

- 그것이 미치는 범위와 분야의 방대함에 있어서,
- 질적인 수준과 깊이에 있어서,
- 그로부터 파생되는 가치, 아이디어, 창조물, 이익 같은 성과의 크기에 있어서 평균 수준을 훌쩍 뛰어넘는 다원적인 사고이다.

그리고 이러한 초사고를 가능하게 하는 비결과 기술을 정리해 놓은 것이 바로 초사고법이다. 한마디로 말하면, 자기 주변의 어떤 사람보다도 우위에 서는 탁월한 사고가 초사고이고, 누구나 감탄할 만한 탁월한 사고법이 초사고법이다.

이 책이 제시하는 다채로운 초사고법의 구성line up은 다음과 같다.

① 사고의 기본이 되는 소프트웨어

② 원·투·쓰리사고 one·two·three thinking 또는 선택

　적 사고 option thinking

③ 교차사고 cross thinking

④ 논리적 사고 logical thinking

⑤ 통계사고

⑥ 실용사고

⑦ 감성적 사고 sensitive thinking

⑧ 행동적 사고

⑨ 사고감각, 사고력을 향상시키는 초 노하우

이 초사고법을 다 읽고 자기 것으로 만들어 실천하기만 하면, 누구라도 반드시 지금보다 훨씬 더 탁월한 사고의 지존이 될 수 있다고 확신한다.

사고 관련 서적은 자칫하면 추상적이고 실천하기 어려운 것들이 많은데 이 책에서는 그렇게 되지 않도록, 실질적이고 즉효를 얻을 수 있는 초사고법을 곱씹어 소개해 나가고 있다.

특히, 실제로 머릿속에서 사고가 싹튼 다음 발전하고 변

화해 완성되기까지의 '사고의 현장'을 가능한 한 리얼하게 그려내려고 노력했다.

우리는 가끔, 생각이 꽉 막혀 다음 단계로 진행하지 못할 때가 있다. 당사자에게 있어서는 더없이 괴로운 상황인데 이럴 때 사고의 길을 터주어 흐름을 원활하게 하려면 어떻게 해야 좋을까? 그 방법을 아느냐 모르느냐에 따라 결과는 엄청나게 달라질 수 있다.

이 경우 정체되어 있는 사고를 뒤섞거나 발효시키거나 숙성시킬 필요가 있다. 말 그대로 머리에 한 방의 일격을 가해 주는 것이다. 여기서는 그러한 효과를 발휘하는 여러 가지 소프트웨어에 대해서도 소개해 나갈 예정이다.

아무쪼록 이 책을 통해 독자들이 생각의 즐거움과 재미를 새삼 느낄 수 있게 된다면 더없이 기쁘겠다.

끝으로 사토 겐이치佐藤健一의 《에도서민의 수학》에 재미있는 에피소드가 하나 나와 있어 이것을 소개하며 첫머리를 줄이려 한다.

"겐로쿠元禄 전후의 오사카大坂상인, 오오시마 키지大島喜侍는 수학(산수)의 재미에 푹 빠져 장사는 뒷전으로 미뤄놓더

니 결국 가게를 접고 여행을 하면서 수학을 가르치는 '방랑수학遊歷算家' 1호가 되었다.

또, 에도 후기의 방랑수학가, 호도지와法道寺和는 평생 벼슬도 마다하고 독신으로 지내며 수학을 즐겼다. 그의 머릿속에는 대수표나 삼각관수표가 전부 들어 있었다고 한다. 생각하는 것이 얼마나 즐거운 일인지를 말해주는 예다."

사고란 이 세상에 존재하는 최고의 오락거리entertainment다.

2003년 5월

나카가와 아키히코中川 昌彦

차 례

사고 세계로의 초대

머리 좋은 사람과 그렇지 않은 사람의 차이는?

생각하지 않고 머리가 좋아질 리 없다

흔히 "누구누구는 머리가 좋다", "아무개는 머리가 별로 좋지 않다"고 하는데, 무엇을 보고 머리가 좋다 혹은 머리가 나쁘다고 말하는 것일까? 그 차이는 어디에 있는 것일까?

공부를 잘 한다, 시험에서 좋은 성적을 거둔다, 일류대학에 들어간다, 명문기업에 입사한다, 유명인사가 된다고 할 경우에 전형적으로 머리가 좋다거나 똑똑한 사람이라는 말을 사용하는 것 같다.

뭐, 이런 조건으로 현명함을 가린다면 분명 그 이름을 얻는 것은 그리 어렵지 않을 것이다. 그러나 이것은 어디까지나 표면적이고 현상적인 판단에 지나지 않고, 진짜 현명함을 측정하는 정확한 잣대라고는 할 수 없다.

그렇다면 조금 더 파고들어 생각해보자. 우리들이 주변의 어떤 사람에 대해 "그 사람은 똑똑해", "그 친구는 머리가 좋아"라고 하는 경우, 다음과 같은 여러 갈래의 뉘앙스가 포함되어 있다.

- 두뇌 회전이 빠르다.
- 기억력이 좋다.
- 시야가 넓고 박식하다.
- 특별히 빼어난 지성을 소유하고 있다.
- 사려 깊다.
- 면밀하고 정확한 논리력을 갖추고 있다.
- 감각이 날카롭다.
- 매우 유연하고 균형 잡힌 사고를 한다.
- 독창성이 있다.
- 인간 심리의 미묘함에 통달한 '인간통'이다.

이렇게 보면 머리 좋은 것에도 다양성이 있다는 것을 알 수 있다. 그러나 그런 다양한 이미지에도 불구하고, 한 가지 매우 중요한 공통점이 있다. 그것은 본질적으로 '사고가 뛰어나다'는 점이다. 이것을 무엇보다 똑똑히 명기해 두었으면 한다. 결국 똑똑하고 머리 좋은 것은 여러 가지 모습을 하고 있지만, 반드시 생각하는 것과 깊이 연관되어 있다는 사실이다.

똑똑하다, 머리가 좋다는 것은 요컨대 잘 생각한다, 뛰어난 사고가 가능하다는 것이다. 뒤집어 말하면, 생각하면 할수록 그만큼 지혜로워질 수 있고 또 지혜로워지려면 일단 생각하는 것부터 시작해야 한다. 학생이든 샐러리맨이든 화가든 운동선수든 생각하지 않고 똑똑해지는 것은 기대할 수 없다.

생각의 축적이 천부적인 재능을 초월한다

우리 주변에는 "그 사람은 원래 머리가 좋아", "그 사람의 두뇌는 특별해"라는 말을 들으며 주변 사람들에게 선망의 대상으로 떠오르는 사람들이 꼭 있는데 그런 천성적인 자질에 대해 어떻게 이해하면 좋을까?

현실적으로 천재, 신동들이 이 세상에 존재하는 이상, 분명 선천적인 자질의 문제를 무시하는 것은 불가능하다. 그러나 그것을 특별히 과대평가하거나 결정론적으로 말하는 것은 좀 지나치다는 것이 내 견해다. 자세한 것은 차차 서술해 나가겠지만, 다양한 능력과 마찬가지로 좋은 머리는 '자질'과 '환경'이라는 2대 요인의 조화와 축적으로 결정된다. 그러므로 자질이 뛰어나지 않아도 후천적인 학습과 노력, 습관 형성 등에 의해 우리들은 얼마든지 탁월한 두뇌를 가질 수 있다.

"구슬이 서말이라도 꿰어야 보배(우수한 재능을 가지고 있음에도 그것을 활용하지 않거나 기회가 없으면 소용없다)"라는 말이 있듯이, 우리들은 그야말로 후천적인 사고와 행동의 축적에 의해, 천부적인 재능을 갖고 태어났으면서도 그것을 활용하지 못하는 사람들보다 훨씬 현명해질 가능성이 있다.

그런 이유로 머리 좋은 사람과 그렇지 않은 사람을 나누는 것은 역시 '생각하고 있는가 아닌가의 차이'다. 아무리 재능을 타고났어도 생각하지 않는 사람은 사고력이 신장되지 못해 지혜로워지지 못할 가능성이 높다.

잘 생각하는 것은 가장 중요한 요소

초사고를 하는 중요함에 대해 대략 설명했는데, 한 가지 중요한 점을 덧붙여 지적해두고 싶다. 그것은 단순히 생각하는 것과 '잘' 생각하는 것의 차이에 민감해지라는 것이다. 같은 생각이라도 단순히 막연하게 생각하는 것과 효과적으로 생각하는 것에는 사고의 내용이나 질적인 면, 그리고 성과에 놀랄 만한 차이가 생긴다.

잘 생각하는 것, 효과적으로 생각하는 것, 이것은 바로 사고법의 문제다. 어설프게 생각하느니 편안히 쉬는 것이 낫다. 그냥 어떻게든 막연히 생각하는 것과 지혜나 노하우를 갖고 잘 생각하는 것에는 천지차이가 있다.

그러므로 우리들은 생각하는 것에 뒤지지 않고 좀더 잘 생각하기 위한 사고의 기술을 마스터해 실천할 수 있도록 노력해야 한다.

이런 의미에서 사고법은 매우 커다란 역할을 한다. 지혜로움과 관련지어 말한다면 그냥 생각만 하고 있으면 생각하지 않고 멍하니 있는 것보다는 지혜로워질 확률이 높지만 반드시 지혜로워진다고 말할 수 없다. 하지만 사고법, 초사고법을 동원해 생각한다면 분명 120% 지혜로워질 수 있다고 단언한다. 이 책이 사고의 기술에 초점을 두고 제목을 '초사고법'이라고 내 건 것도 바로 그 때문이다.

시작에 사고가 있다

인간이 만들어낸 것은 모두 사고의 산물

　우리의 일상생활과 일 그리고 인생은 생각하는 것을 빼놓고는 말할 수 없다. 그것은 이를 닦을 때 칫솔이 없으면 안 되는 것과 같은 차원의 이야기가 아니라 훨씬 더 근원적이고 결정적인 의미를 갖고 있다고 할 수 있다. 한마디로 인간에게 있어서 산다는 것은 생각하는 것이고, 나아가 잘 살려면 생각하는 것이 더욱더 중요하므로 이것은 매우 큰 의미를 갖는다.

　"생각한다, 고로 존재한다"고 말한 데카르트의 말을 인용하자면, 생각하는 것이 하나의 자립된 주체적인 인간을 만들고, 우리들 한 사람 한 사람의 자아identity를 증명하고 보증한다.

　여기서 더 이상 까다로운 철학적 논의로 들어가는 것은 피하겠지만, 한마디로 사고는 모든 것에 앞선다. 이것을 먼저 머릿속에 꼭 넣어두었으면 한다.

현대인은 전기 없이는 단 하루도 살 수 없다. 우리들은 마치 공기를 마시는 것처럼 조명기구, 냉난방 제품, 냉장고, 세탁기, TV, 컴퓨터 등등이 제공하는 전기화 생활에 익숙해져 있다.

우리들은 전자제품점이나 컴퓨터 매장에서 다양한 디자인을 살핀다. 거기에는 실로 다양한 색채와 모양, 질량을 갖추고 그에 맞는 다양한 가격표를 단 매혹적인 상품들이 뽐내고 있다. 물론 그것들은 매장에 진열되기 전에 공장의 생산라인에서 제조되어 시장으로 유통된다.

판매에 앞서 생산이 있지만 생산이 시작은 아니다. 그 전에는 상품기획이나 마케팅의 과정이 있었고, 그렇게 거슬러 올라가 도달한 출발점에는 '사고'가 있다. 디자인, 색채, 형태, 질량, 가격도 모두 머릿속에 있는 사고라는 제1원인에서 나온 것들이다. 먼저 이미지 사고가 있고 나서 상품이 만들어진다.

지금까지 말한 것에 관해 프랑스의 사상가 사르트르의 '페이퍼 나이프'의 예를 통해 살펴보자. 한 직공이 페이퍼 나이프를 만들려고 할 때 맨 먼저 있어야 할 것은 소재가 될 강철 금속판도, 칼의 질량이나 가격, 제조법도 아니다. 그에 앞서 직공의 머릿속에 페이퍼 나이프의 이미지가 먼저 떠올라야 한다. 그 이미지는 처음부터 마지막까지 불변할 수도 있고 시시각각 미묘하게 변할 수도 있다. 혹 변한다 하더라도 그 이미지 중 어느 쪽이든 역시 머릿속에서 그려지고 강렬하게 인상지어지며 그것들이 다른 모든 것에 선행한다는 사실은 누구도 부인할 수 없을 것이다.

여기서 말하는 이미지야말로 사고 자체이고, 혹은 사고의 작용으로 생겨난 것이다. 이렇게 또렷하게 이미지를 떠올리거나 정착시키는 사고의 힘을 상상력이라고 부른다. 직공은 이 나이프의 이미지를 토대로 제작에 착수한다. 이미지에 이것저것 살을 붙이고 디자인이나 크기를 정하면서 나이프는 점점 구체화되어 간다. 제작공정에 들어가면 눈이나 손발도 바쁘게 움직여서 신체를 사용하는 작업의 가중이 커진다. 그리고 디자인이나 형태, 질량을 구현한 페이퍼 나이프가 완성되는 것이다.

물론 행동의 비중이 증가하는 노동의 과정에서도 사고활동은 수시로 개입한다. 시행착오, 이런저런 판단, 칼이 잘 드는지를 확인할 때 등, 작업이 진행될 때에는 상상했던 것과 다른 별별 사고활동이 반은 의식적, 반은 무의식적으로 수행되고 있다.

그러나 지금은 화제를 거기까지 넓히지 않아도 좋을 듯하다. 무엇보다 처음에 생각이 생겨나고 움직여 이미지의 형태를 갖췄다는 것, 그리고 그 이미지의 연장선상에서 직공이 만들어내고 싶었던 나이프가 탄생했다는 것, 이것에 주목했으면 한다.

이리하여 사고는 모든 것에 앞선다. 모든 것의 처음에 사고가 있는 것이다. 고대의 토목치수 기술부터 최신 IT기술, 그리고 '도시'라는 거대한 사회적 형태까지 문명의 모든 것이 사고의 산물이라고 해도 과언은 아니다.

디즈니의 세계도 사고의 산물로 탄생했다

시대는 바야흐로 엔터테인먼트entertainment의 시대, 너도나도 엔터테인먼트(오락거리)를 지향하고 있다. "해리포터"가 세계를 석권

하고 TDR(디즈니랜드 리조트)도 쾌재를 부르고 있다. 더욱이 사람들은 월드컵, 메이저 리그MLB, 미 프로농구NBA, 미식 축구NFL, 카레이싱F1 같은 프로 스포츠에 열광하며, 엔터테인먼트 색채가 짙은 휴대전화, TV게임, 각종 코미디 프로그램 등도 인기를 끌고 있다. 오랜 불황에도 아랑곳하지 않고 엔터테인먼트만이 확실히 승승장구하고 있는 상황이다.

엔터테인먼트를 좋아하는 점은 남녀노소를 막론하고 공통적이다. 한번 맛보면 두 번 다시 잊을 수 없는 엔터테인먼트에는 우리들을 잡아끄는 강렬한 매력이 있다.

그러나 우리는 이 정도의 표면적인 견해에만 머물러 있어서는 안 된다. 한 발짝 더 다가가 생각해보자. 그렇게 해보면 모든 엔터테인먼트가 예외 없이 사고의 산물이라는 것을 알 수 있다. 사르트르의 나이프 직공처럼 미키마우스, 도날드덕과 같은 매력적인 캐릭터는 월트 디즈니의 창조적인 사고에 의해 탄생한 것이다. 그리고 그가 생각한 디즈니 세계가 오늘날까지도 전 세계의 무수한 아이들의 마음을 사로잡고 있다.

마찬가지로 온갖 엔터테인먼트는 어느 개인이나 관계자의 사고의 결과로 생겨난 것이다. 거슬러 올라가면 엔터테인먼트의 씨앗은 사고 안에서 잉태된다. 엔터테인먼트는 우선 생각하는 것에서부터 시작되므로 그 출발점에서부터 사고와 떼어놓을 수 없는 관계에 있다.

생각하는 것은 최대의 오락

나는 항상 생각하는 것이 최대의 오락이라고 말해왔다. 엔터테인먼트도 사고의 산물이라고 서술했는데 이것도 그것을 뒷받침하는 유력한 논거가 된다. 그뿐만이 아니다. 생각하는 것 자체에 다양한 오락성이 내재되어 있고, 생각하는 것이 쾌락이 되는 경우도 있다.

예를 들면, 일 때문에 어려운 문제에 부딪쳐 해결책을 놓고 고심하는 경우, 좀처럼 좋은 아이디어가 떠오르지 않는 상황에서는 분명 생각하는 것 자체가 괴로움이 될 수도 있다. 그러나 부지불식간에 묘안이 번뜩 떠올라 문제가 단숨에 해결된다면 그 순간 안개가 걷히고 가라앉았던 기분은 언제 그랬냐는 듯이 훅 날아가버려 온 몸이 말끔하고 상쾌한 기분에 휩싸인다.

이런 심리상태를 일반적으로 카타르시스(승화)라고 부르는데 이것은 정말 욕구불만의 해소이자 쾌락의 실현임에 틀림없다. 이는 엑스터시ecstasy의 쾌락과도 일맥상통하는 것이다.

오해가 없도록 사족을 덧붙이자면, 사고의 쾌락은 엔터테인먼트나 일과 관련하여 생각할 때만 찾아오는 것은 아니다. 끊임없이 생각하고 있을 때, 그때까지 한 번도 떠오른 적이 없는 기발한 생각이나 묘한 아이디어가 불쑥 샘솟는 경우에도 같은 성질의 기분 좋은 쾌감을 얻을 수 있다.

춤과 사고가 융합된 리오의 카니발

브라질의 "리오 카니발"은 세계 굴지의 엔터테인먼트로 잘 알려져 있는 축제다. 이와 관련하여 일본 축구대표팀의 감독으로 취임한 지코도 카니발의 열광적 팬이어서 매년 빼놓지 않고 참가하고 있다고 한다.

리오 사람들은 이 카니발을 위해 팀을 결성하고 거의 1년에 걸친 준비를 한다. 각 팀은 재능을 총동원해 강렬한 삼바 리듬에 맞춰 거리를 누빈다. 축제는 콩쿨을 겸하고 있어 거기서 우승하거나 상위에 들어가는 것은 국민적인 명예가 된다.

우리들은 리오의 카니발이라고 하면 단순히 먹고 마시는 남국적인 무도의 향연 정도로 생각하기 쉽다. 분명히 그런 면도 있지만 리오의 카니발은 결코 쾌락만을 추구하는 축제도, 오락 판매촉진자entertainment propagandist도 아니다. 원래 카니발(사육제)은 카톨릭이 기원으로 종교적 성격이 농후한 의식이었다.

카니발에 참가하는 각 팀은 공들여 공연할 작품의 컨셉을 정하는데 인간 찬가만이 아니라 환경문제, 전쟁과 평화 문제, 인류 문명의 행방, 인간의 삶과 죽음 같은 철학적인 메시지로 호소한다. 그리고 그 메시지들은 심사항목의 하나로 들어가 큰 득점으로 이어진다. 요컨대 카니발에서 리오 사람들은 춤추는 것 못지않게 생각도 깊이 하고 있는 것이다.

사고와 엔터테인먼트가 융합되면, 엔터테인먼트는 단순한 엔터테인먼트에 머물지 않고 뛰어난 사상, 지혜, 노하우를 겸비한 지적이고 창조적인 작품, 사건, 이벤트가 된다. 리오의 카니발은 그것을 가르쳐주고 있다.

완전공개! 이것이 '사고월드'

머릿속에 생겨난 생각, 그것이 사고다

우리들은 아침에 눈을 떠서 잠을 자려고 눈을 감을 때까지 줄곧 생각을 하면서 살고 있다. "아무래도 이 부분은 생각을 해봐야겠는걸" "좋은 아이디어를 끌어내보자"라고 분명히 의식해서 생각하거나 의도를 갖고 생각하는 경우도 많지만, 그것이 전부는 아니다. 오히려 그런 식으로 일부러 생각하려고 애쓰는 경우보다 끊임없이 무의식적으로 생각하거나 혹은 이런저런 생각이 제멋대로 떠오르는 쪽이 훨씬 많다.

의식적으로 의도한 사고와 특별히 의식하지 않고 의도하지 않은 사고 양자는 상당히 거리가 있는 것처럼 보이지만 둘 다 사고(생각)한다는 것에는 틀림이 없다. 이 모두를 포함해 우리들은 한순간도 빼놓지 않고 생각하면서 살고 있다고 한 것이다.

따라서 이제부터 생각한다는 것은 어떤 것인지, 사고는 어떤 작용을 하는지, 효과적으로 잘 생각하려면 어떻게 하면 좋을지에 대해 순서를 밟아 알기 쉽게 서술해나가려고 한다. 우선 그 출발점으로, 사고가 상당한 범위를 가진 활동이라는 점을 직관적으로 이미지화해 두면 좋겠다. 그 범위를 염두에 두면서 다음과 같이 사고를 정의해 보았다.

사고(생각하는 것)란 머리(뇌) 속에 어떤 생각이 생겨나는 것이다.

이 정의로 보아 열심히 생각하는 것뿐 아니라 멍하니 망상에 빠지는 것도 사고라는 것을 알 수 있다. 의도를 갖고 생각하는지 이런저런 상념이 저절로 생겨나는지에 관계없이 어떤 생각이 생겨났다면 당신은 사고하고 있는 것이다.

사고를 구성하고 있는 것은 이성만이 아니다

자세한 것은 차차 언급해 나가겠지만, 여기서 사고의 정의에 대해 최소한의 필요한 보족을 달아놓고자 한다.

첫째, 가장 넓은 범주에서 말할 때 사고는 의식(현재顯在의식)과 무의식(잠재의식) 모두를 포함한다. 스스로 어느 과제에 대해 진지하게 생각하는 것은 의식(현재의식)이, 수면중에 꾸는 꿈처럼 영문 모를 것을 아무렇게나 생각하게 하는 것은 무의식(잠재의식)이 담당하고 있다.

둘째, 사고의 형태와 내용을 규정하고 만들어내는 것은 ① 감각 ② 감정 ③ 이성의 3대 능력이다. 감각은 보고, 듣고, 감지하고, 맛보고, 냄새 맡는 형태와 내용으로 대상을 파악한다. 그런 의미에서 감각

■그림 1 사고를 구성하는 것과 표현수단

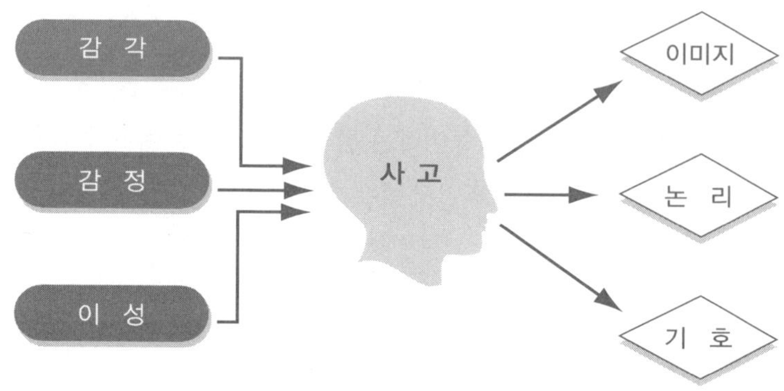

적인 사고는 생각한다기보다 느낀다는 쪽이 정확하다. 감정은 희로애락이라고 불리는 강한 감정적인 반응을 수반한다. 결국 감정적 사고는 소위 '어떠어떠한 기분이 든다'는 말이 딱 맞는 사고다. 이성은 이치를 따져 생각하고, 논리를 세우고, 조리에 맞게 생각하는 사고의 형태와 내용을 말한다. 이성적 사고는 그러한 특징과 성격을 가진 사고로, 이른바 논리적 사고logical thinking는 이성이 주도하는 사고법의 전형적인 예다. 일반적으로 이것들 중에서 ③ 이성적 사고만을 진짜 사고라고 생각하는 경향이 있지만 감각이나 감정도 뇌에 떠오른 이미지이고 의식인 한, 역시 넓은 의미의 사고에 해당한다. 사고는 우리들이 뭔가를 느끼거나 어떤 감정이 생겨났을 때 이미 시작되고 있는 것이다.

셋째, 사고의 형태와 내용을 구성하는 요소, 생각이 떠오르게 하거나 저절로 떠오르는 것, 혹은 단적으로 생각하는 도구, 아니면 표현수단이라고 해도 좋을 그것에는 크게 이미지와 논리가 있고, 거기에 말,

문자, 도형 등으로 대표되는 편리한 도구인 기호가 있다(그림 1 참조).

어느 것이든 필수적인 사고의 도구 tool이고 그것 없이는 우리들은 거의 생각할 수 없다. 어떤 이미지를 떠올리고 논리를 조작하고 말을 짜맞춰 생각한다. 우리들은 그렇게 사고활동을 하는 것이다.

넷째, 이상의 모든 사고과정에 뇌가 깊이 관여하고 있다. 뇌는 생각이 생겨나는 현장임과 동시에 사고활동을 유지하고 기획하고 통제하는 강력한 중추기구다. 따라서 '잘' 생각하기 위해서는 '머리=뇌'가 효과적으로 활동할 수 있어야 한다.

'사고지도'로 보는 "싱킹올스타즈(thinking allstars)"

사고가 매우 광범위한 두뇌활동이라는 것을 살펴봤는데, 이것을 조금 더 구체화해 사고의 종류와 범위도 살펴보자. 그림 2의 사고지도는 커다란 타원형의 사고영역 안에 사고의 종류와 각 사고의 멤버들을 한눈에 보기 쉽도록 정리한 것이다. 이 사고지도를 보면서 이미 설명한 것은 생략하고 요점만 해설하겠다.

우선 사고한다, 생각한다는 말 한마디에 정말 다양한 구성요소들이 포함되어 있다는 것을 알면 새삼 놀랄 것이다.

상상, 논리화, 추리, 분석, 기획, 판단과 같은 요소는 어쨌든 모두 사고라는 이미지가 있지만 그 이외의 것들도 머릿속에 어떤 생각이 생겨난다는 점에서는 결코 차이가 없다. 뇌 생리학적인 면에서 보아도 뇌세포가 여러 장소에서 활성화되고 흥분하는 것은 마찬가지다. 생리 상태나 에너지 사용법도 거의 차이가 없다.

그런 까닭에 사고활동은 매우 다양하고 풍부하며 다채로운 것

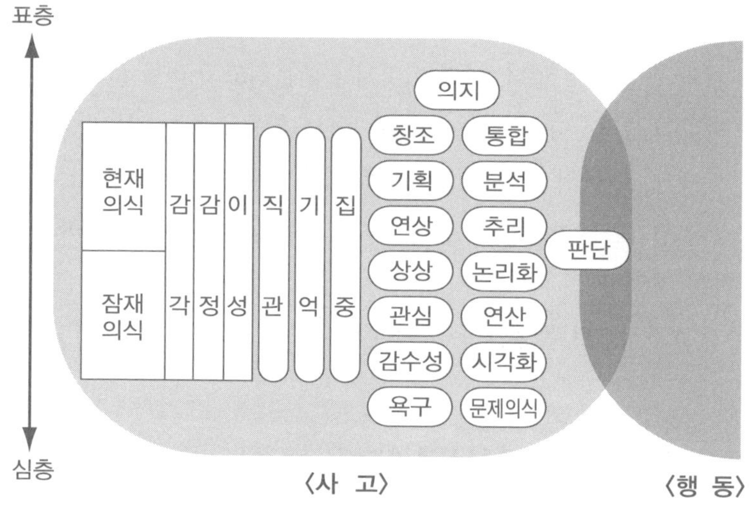

이다. 그래서 우리들은 정말 다채롭게 자유자재로 여러 가지를 생각할 수 있다. 올스타팀처럼 쟁쟁한 멤버들로 구성되어 있기 때문에 초사고도 가능해지는 것이다.

다채로운 '배우'들이 전개하는 뇌의 사고활동

한마디로 사고라고 하지만, 거기에는 서로 다른 다양한 사고가 공존하며 연계를 이루고 있다. 그 내용을 살펴보면 다음과 같다.

- 욕구나 희망은 분석적인 사고와는 유형이 전혀 다르지만 지극히 강력한 작용을 하는 근원적인 사고다. '~을 하고 싶

다', '~을 실현하고 싶다', '~이 되고 싶다'는 기분을 계속 갖고 있으면 실제로 큰 꿈을 이루는 경우가 많다. 이 경우, 분석은 이성을 기본으로 한 사고인 데 비해 욕구, 희망은 특히 감정의 움직임이 우월한 사고다.

● 정확하게는 '관심을 갖는다', '호기심이 발동한다'고 해야겠지만 관심, 호기심도 대단히 중요한 사고다. 이것을 한마디로 말하라면 주의작용, 주의사고라 할 수 있다. 주의사고는 주의를 환기시킨다, 주의를 기울인다, 주의를 불러일으킨다는 식으로 머리가 활동하기 시작하는 특징이 있는 사고다.

● 시야가 크게 관계되는 사고가 있다. 사고의 시야가 좁으면 생각하기 어려운 문제가 있고 반대로 시야가 산만하게 확산되어 있는 채로는 사고의 초점이 좁혀지지 않는 경우도 있다. 그래서 시야를 확대하거나 좁혀 적절하게 조절하면서 생각하는 것이 필요하다. 이것을 시각화(시야화)라고 부르기로 하자. 시각화도 그 자체가 하나의 사고활동인과 동시에 시고의 내용과 질을 크게 좌우하는 소프트웨어이기도 하다.

● 기억도 역시 다른 역할이나 기능을 영위하는 사고다. 욕구를 갖는다, 관심을 갖는다, 분석한다, 시야에 담는다, 논리화한다는 사고활동과 기억활동은 그다지 공통성이 없는 것처럼 보인다. 하지만 그것은 말이나 이미지를 복사기나 사진기로 구워내는 것처럼 뇌의 피질이라는 점토에 정보를 새겨 넣는 독특한 방식을 취하는 사고다. 그것에 그치지 않고 기억활동에는 감각, 감정, 이성이 밀접하게 연관되어 있고, 또 기억의

과정에는 문제의식, 감수성, 분석, 판단 등의 사고요소factor
도 깊이 관여하는 것이다(칼럼 참조).

● 앞의 사고지도에 나타난 것처럼 사고와 행동은 완전히 다른
존재도, 동떨어진 것도 아니며 서로 인접해 있다. 이 사고의
현장location에서 판단은 확실히 사고와 행동의 중복 영역에
위치한다. 경영학이나 매니지먼트에서는 일반적으로 의사결
정이라는 말을 사용하는데, 판단, 의사결정은 그런 의미에서
가장 행동에 가깝게 위치한 사고, 결국 행동과 직결되는 행동
적 사고라고 할 수 있다.

어쨌든 이 정도로 해두고 이상의 설명으로 인간의 뇌가 담당하
는 사고의 다채로운 활동의 한 단면이 충분히 보였으리라 생각한다.
바로 "싱킹올스타즈thinking allstars"라고 부르기에 적합한, 쟁쟁한 사
고의 배우들이 집결해 있는 것이 우리의 뇌다.

칼럼

기억에도 다양한 사고가 관계되어 있다

기억이라고 하면 말이나 숫자를 기계적으로 암기하는 이미지를 떠올릴지
도 모른다. 기억을 더듬어 뭔가를 생각해내는 것도 외우는 과정을 단순히
반대로 거치는 기계적 작업이고, 생각한다는 지적 활동과는 무관한 것처럼
생각해버리기 쉽다.

그러나 사실은 그렇지 않다. 기억(상기)이라는 활동에도 사고는 밀접하게
관련되어 있다. 사고라는 뇌 활동은 뇌에서 이루어지는 모든 활동에 깊이
침투해 있고, 기억활동도 뇌에서 전개되는 것인 한, 예외가 될 수는 없다.

가령, 전화번호부에서 전화번호를 찾아 일회성의 전화를 걸 경우, 그 번호는 전화를 거는 동안만 기억하고 있다가 다 걸고 나면 바로 잊어버린다. 호텔에 하루이틀 묵을 때의 룸 넘버도 마찬가지다. 체크아웃하면 그 즉시 잊어버린다. 이런 경우에는 뇌가 1~2분(하루이틀)만 기억해두면 된다고 판단해 그 정도의 얕은 기억방식을 취하고 있는 것으로, 판단의 사고가 기억에 관계되어 있는 것이다.

어느 날 아는 사람이 나에게 이렇게 말하며 전화번호를 가르쳐주었다.

"다음 4개의 자릿수는 4986, '사 구 팔십육'이라고 기억하면 간단하겠죠?"

분명 이렇게 하니 기억에 오래 남았는데, 이 기억과정에도 다른 사고활동이 관여하고 있다. 풀어서 말하면 '49(사 구) 36(삼십육)'이라는 계산 지식이 전제가 된 다음, 그 유사한 어감에서 오는 어구 맞춤 때문에 숫자가 기억에 남는 이치다.

또 다른 사람은 이런 방법으로 전화번호를 가르쳐주었다.

"다음 4개의 자릿수는 1375인데, 1357의 뒤 두 자리를 싹 바꾼다고 기억하세요."

1357이라면 기억하기 쉽다. 그런데 이 경우에는 1357이라는 규칙성을 가진 숫자를 떠올린 후에 1357이 아니라 뒤의 두 자리, 5하고 7을 싹 바꿔서 1375라고 기억한다. 이것은 결코 단순한 기계적 기억은 아니다.

또 우리들은 두고두고 언제든지 상기하고 활용할 수 있도록 머릿속에서 정보를 분류하기도 하는데 여기서는 분석적인 사고활동이 기억이라는 작업에 더해지고 있다.

이렇게 기억이라는 활동 하나도 케이스 바이 케이스case by case여서 다른 사고활동이 다양한 방법으로 관련되어 있는 것이다.

잘 생각하는 지혜
= 사고법을 마스터하는 것

머리 좋은 사람일수록 뇌를 균형 있게 활용한다

앞의 사고지도 설명에서 우리들은 뇌 안에서 욕구, 관심, 시야화, 기억, 상상, 분석, 판단 등등 다양한 사고활동이 전개되고 있는 것에 대해 알아보았다. 우리들은 이런 좋은 점만을 골라낸 심복들을 한 조씩 평등하게 갖추고 있다. 그 다음에는 그 심복들을 얼마나 능숙하게 잘 다루느냐 하는 것만 남았다. 다름 아닌 사고법의 문제다.

나의 오랜 세월에 걸친 관찰, 연구에 의하면, 생각할 때 그들 중에 한정된 심복들밖에 활용하고 있지 못하는 사람, 혹은 그들을 철저히 고립시켜 사용하는 사람이 매우 많다.

그럼 어떻게 될까? 뇌는 하루에 수백 칼로리의 에너지를 소비한다. 따라서 만약 기억하는 것에만 뇌의 에너지를 충당한다면 그 이외의 사고에 에너지가 미치지 못한다. 사고가 기억사고에 치우쳐 다채롭고 풍부한 사고활동이 어려워지는 것이다.

이것 역시 사고법의 문제다. 부분적으로는 사고기술, 예를 들면 기억술을 사용하고 있더라도 전체적으로 본다면 사고기술에 치명적인 결함이 있는 경우도 있을 것이다.

현명한 사람, 생각을 잘 하는 사람은 그렇지 않은 사람에 비해 뇌 전체를 훨씬 균형 있게 통합시켜 최대한 활용하고 있다. 이것은 뇌의 역학, 생산성 향상의 관점에서 보면 정말 이치에 맞는 두뇌 활용법이므로 놀랄 만한 상승효과가 생긴다.

앞에 게재한 사고지도에서는 문제의식, 감수성, 기억, 연상, 분석, 판단, 창조 등 개개의 사고를 독립된 형태로 도식화해 놓았다. 하지만 내가 만들어낸 두뇌 소프트웨어 이론, 뇌역학brain dynamics의 기본 정리는 뇌가 중층적이고 조밀한 네트워크 조직이고, 따라서 전술한 다채로운 사고 단위도 결코 단독적으로 제각각 존재하고 있는 것은 아니라는 것을 분명히 하고 있다.

우리들은 욕구, 관심, 문제의식, 판단이라는 말을 일상적으로 사용하는데, 이것은 어디까지나 언어상의 약속이고, 실제 뇌의 사고 현장에서 그들 하나하나가 각각 다른 방에 확연히 구분된 채 서로 아무 상관없이 제멋대로 전개되고 있는 것이 아니다. 그들은 그물코 모양으로 서로 긴밀하게 연결되어 기능한다.

이러한 구조를 바르게 이해하고 상상, 추리, 분석, 판단이라는 사고를 가능한 한 유기적으로 연결해 종합적으로 활용하고 있는지 아닌지가 사고의 수준, 사고력, 나아가서는 현명함의 수준을 결정하는 것이다.

"생각하는 갈대"는 인간만이 아니다

또 하나, 내가 오랜 세월 관심을 가져 온 사고인류학의 관점에서 언급해 두고 싶은 것이 있다. 생각하는 것은 인간만이 아니다. 인간 외에도 생각하는 동물은 적잖이 있다. 원숭이, 고릴라, 오랑우탄, 침팬지, 보노보(피그미침팬지, 최후의 유인원) 같은 고등유인원에게도 틀림없이 생각하는 힘이 있다. 선천적인 자질로 사고능력을 갖추고 있다.

침팬지 정도면 뇌의 형태나 구조, 기능 분화의 방법 등 모든 면이 인간과 닮았다. 그의 자질은 미시적micro인 수준에서는 DNA로 거슬러 올라가는데, 침팬지의 DNA는 99.9% 인간과 동일하다.

한편, 개나 고양이는 인간사회에 적응해 인간의 파트너가 되는 길을 선택했다. 이후 오랜 과정 속에서 후천적인 학습에 의해 생각하는 힘을 획득해 나간 측면이 크다. 결국 환경요인이 강하게 작용한 것이다. 단, 획득형질의 어떤 비율은 유전되므로 생각하는 DNA도 점점 자리를 잡아 자질의 하나로서 자손에게 전달된다.

그밖에도 돌고래나 까마귀 등 지능이 높다고 알려져 있는 동물들이 몇 있다. 의외로 특이한 점은 발 여덟 개 달린 문어도 지혜롭다고 알려져 있다.

"인간은 생각하는 갈대다." 이것은 프랑스의 철학자 파스칼이 한 유명한 말인데, 이렇게 본다면 동물들도 정도의 차이는 있으나 '생각하는 갈대'인 것이다.

동물들은 어떻게 사고할까

인간 이외의 동물도 생각을 한다고 했는데 그렇다고 해도 사고의 종류나 방법은 인간과 다른 게 당연할 것이고, 각각에서도 차이가 있을 것이다.

예를 들면, 인간과 아주 흡사하다고 알려진 보노보조차도 인간의 언어와 같은 기호체계를 갖고 있지 않아 자유롭게 말을 조작해 생각하는 것이 불가능하다. 문제해결 실험을 해보면 그들은 고개를 갸웃하며 분명히 생각에 잠기는 것처럼 보인다. 그리고 시행착오를 거듭하면서 지혜를 얻어 훌륭하게 문제를 해결하기도 한다. 그들은 십중팔구 인간만큼 개념 concept에 의지하지 않고 생각한다. 직관에 가깝다.

개는 훈련을 거치면 어느 정도 주인의 말을 이해하고 적절하게 반응할 수 있다. 하지만 그것은 극히 한정된 범위의 단어 수준에 머물러 있다. 그것보다 오히려 개는 주인의 기분이나 가족의 인간관계에 매우 민감해 그 점에서는 이 정도로 영리한 동물은 찾아보기 어렵다.

결국 개는 그런 방식으로 훌륭하게 생각을 하고 있다. 단, 그 사고는 역시 언어를 경유한 것이 아니라 개념 이전의 느낀다는 것에 가까운 방식일 것이다.

우리 집에서도 오랫동안 개를 길러왔다. 그 경험에 의하면 사육견은 주인이나 가족 이 사람 저 사람의 표정, 목소리의 상태, 태도를 굉장히 잘 파악하고 있다. 아무 생각도 안 하고 있는 것 같아 보이지만 사실은 주의 깊게 관찰하고 있는 것이다.

앞서 말한 사고의 종류에 적용시키면 이것은 감각적 사고 내지, 감정적 사고의 범주에 들어갈 것이다. 개는 감각적, 감정적으로 생각한다. 그렇게 필요한 정보를 인풋input하여 '이 사람이 제일 똑똑한 것 같군, 그럼 순순히 따르도록 하자'라든가, '이 아이하고는 즐겁게 놀 수 있겠구나'라는 식으로 판단을 내리는 (혹은 그렇게 보이는) 것이다.

인간은 초사고하는 동물

그런데 이런 동물들과 비교할 때 인간의 사고력과 사고는 어떤 위치에 놓일 수 있을까? 결론부터 말하면, 말이나 숫자 등으로 이루어진 기호, 감각, 감정, 논리를 조작함으로써 지극히 다양하고 풍부한 사고력을 획득한다. 그런 다음 학교공부나 수험공부를 통해 장기간에 걸쳐 학습된다. 사회에 진출하고 나서도 승진시험으로 사고는 자극을 받는다. 요즘 같은 시대에는 어학이나 인터넷 등에도 통달하지 않으면 안 된다.

이렇게 인간의 사고력은 동물을 기준standard으로 보면 거의 다 재다능한all round 수준에 도달해 있다. 즉, 초사고 영역에 올라 있다는 것이다. 사고인류학의 관점에서 보면 인간은 초사고할 수 있는 동물종의 위치에 놓인다.

그러나 인간세계에만 초점을 한정시켜보면, 그 안에서도 처음부터 끝까지 사고력이 관계된다. 인간을 기준으로 생각하면 사고력과 사고의 수준을 측량하는 잣대도 저절로 바뀐다. 이 책의 주개념key concept인 초사고는 두말할 필요도 없이 인간을 표준으로 삼은 것이므로 그 점에 오해 없기를 바란다.

요컨대 인간은 출발점에서부터 생각하는 힘을 꽤 많이 부여받았으나 그 중에 인간을 기준으로 비추어보면 두드러진 초사고력을 가진 사람은 극히 적다. 그러므로 우리들은 흔히 말하는 사고력의 수준을 뛰어넘어 총체적으로 생각하는 힘을 기르기 위해서라도 초사고법을 마스터할 필요가 있다.

초사고가 가능해졌을 때 우리들은 비로소 자유자재로 온갖 것을 생각할 수 있게 되고, 생각하는 것이 얼마나 즐거운 것인지 120% 실감할 수 있을 것이다.

이것이 만능 초사고법의 구성

마지막으로 이 책에서 설명해 나갈 초사고법의 구성을 소개한다.

❶ 사고의 기본이 되는 소프트웨어

컴퓨터의 OSoperating system와 같은 것으로, 겉으로는 나타낼 수 없지만 사고의 배경에 있으면서 각 사고활동의 방향을 정하거나 사고에 부가가치를 높이는 지적인 소프트웨어다.

❷ 원·투·쓰리 사고one·two·three thinking

사고법의 기본 중 기본이다. 이것은 "옵션(선택지)"을 두어 생각하는 사고법으로 정확하게는 선택적 사고option thinking를 일컫는다. 모든 사고법의 출발점이며, 가장 단순한 형식이지만 1→2→3, 토끼뜀hop→걸음마 step→ 점프jump로 진행됨에 따라 사고의 질은 비약적으로 상승한다.

❸ 교차사고cross thinking

원·투·쓰리사고와 전혀 다른 차원과 형식을 가진 수준 높은 사고법이다. 여러 가지 사고를 교차시킴으로써 사고는 면밀해지고 풍부해진다.

❹ 논리사고 logical thinking

최근 유행하고 있는 논리적 사고법으로, 이성이 중핵이 되어 활약한다. 전 세계에서 통용되는 보편성을 갖고 있으며, 그것만으로도 국제화 시대에 반드시 익혀두어야 할 필수 사고법이다.

❺ 통계사고

통계라는 소프트웨어를 구사하는 사고법으로, 넓은 의미의 논리사고 logical thinking에 포함되지만 이 책에서는 장을 나눠 살펴보았다. 이 사고법을 바르게 사용하면 놀랄 만큼 큰 도움이 된다.

❻ 실용사고

일상생활이나 일, 비즈니스와 직결되며, 바로 써먹을 수 있는 지혜를 가져다주는 실전적인 사고법이 실용사고다. 뒤에 이에 대한 몇 가지 노하우를 한꺼번에 소개해 놓았다.

❼ 감성사고 sensitive thinking

감수성 sensitive이 주역이 되어 작용하는 고감도 사고법으로, 사고의 감도를 높여 사고감각을 연마하는 데 단연 으뜸이다. 소위 직관 inspiration도 감성적 사고의 산물이다.

❽ 행동적 사고법

사고와 행동은 우리들이 생각하고 있는 것 이상으로 서로 깊이 관련되어 영향을 미치고 있다. 그런 사고와 행동의 접점, 공동작업 collaboration으로 이루어진 것이 행동적 사고법이다. 여기서는 뇌와 신체를 동시에 움직이는 가운데 현명해지기 위한 지혜가 꽉꽉 채워진다.

❾ 사고감각과 사고력을 비약시키는 초 노하우

위의 어느 것으로도 분류할 순 없지만, 사고감각과 사고력을 비약시키는 유익한 노하우가 또 있다. 그러한 초 노하우들을 하나하나 서술해 나갈 것이다.

이상이 이 책에서 소개하려는 초사고법의 구성이다. 하나하나가 개별적으로도 매우 도움이 되는 사고법이지만, 모든 것을 마스터했을 때의 효과는 그야말로 절대적인 것이 될 수 있다. 게다가 단 하나의 뇌만 있으면 모든 것이 충족된다. 여러분의 뇌는 9개의 사고법을 전부 마스터하고도 남을 충분한 용량을 갖고 있기 때문이다.

이제부터 소개할 9가지 사고법은 어떤 문제에도 쉽게 대응할 수 있는 만능all round 사고법이다. 그것에 의해 우리들은 비로소 단순히 사고하는 차원이 아닌 넓이, 깊이, 크기, 차원을 고루 갖춘 초사고가 가능해지게 되는 것이다.

이밖의 확률사고, 변증법 · 승화사고, 가설 · 역설사고, 독창적 사고법, 사고력 개발법, 잠재의식 개발법, 논쟁사고 등에 대해서도 언급하고 싶지만 지면의 한계상 다른 기회로 미루도록 하겠다.

제2장

사고의 기본이 되는 소프트웨어

사고에 크게 반영되는
'사물을 보는 방식'과 '가치관'

무의식에 작용하는 '사물을 보는 방식'의 사고 소프트웨어

어떤 것을 생각할 때, 우리들이 무의식적으로 사용하고 있는 사고 소프트웨어가 있다. 일반적으로 사물을 보는 방식이라고 한다.

만약 생각하는 것 모두가 일이 진행되는 과정을 따라 흘러가는 즉흥적이고 엉터리 같은 착상 비슷한 것이었다면, 애당초 사물을 보는 방식은 존재하지 않았을 것이다. 그러나 그런 경우는 적다고 봐야겠다.

가령, 플러스 사고(긍정적 사고)를 하는 사람과 마이너스 사고(부정적 사고)를 하는 사람의 차이는 성격 못지않게 "사물을 보는 방식"에서 차이가 있는 경우가 많다. 똑같은 정보나 사건에 맞닥뜨려도 낙천적인 견해를 가진 사람은 플러스 사고를 하고, 비관적인 견해를 가진 사람은 마이너스 사고에 빠지기 쉽다.

사람은 그야말로 평생 동안 수를 헤아릴 수 없을 정도로 많은 것들을 생각한다. 그러한 사고체험, 사고학습, 사고습관 과정에서 사물을 보는 방식이 형성된다. 사람마다 미묘하게 다르겠지만, 자기 나름의 사물을 보는 방식이 있기 때문에 그것에 따라 생각하는 범위나 각도를 정해 안정적이고 일관된 사고방식을 갖거나 능률적으로 생각하는 것이 가능해진다.

단, 사물을 보는 방식이 완성되는 과정을 본인은 거의 의식하지 못한다. 그래서 그것은 무의식적인 소프트웨어라 할 수 있는데, 이는 매우 중요한 작용을 하는 사고 소프트웨어다. 그런 의미에서 우리들은 효과적으로 잘 생각하기 위해서라도 나름대로 사물을 보는 방식을 반드시 마련해 둘 필요가 있다.

'사물이 보이는 방식'과 '사물을 보는 방식'

사물을 보는 방식은 왜 열이면 열, 다 다를까? 개성의 차이에 의한 것이라고 해 버리면 그만이지만 이래서는 너무 추상적이고 어떤 대답도 될 수 없다.

그래서 조금 더 깊이 들어가 이 수수께끼를 풀기 위해 게슈탈트 gestalt라고 하는 심리학 용어를 활용해 보기로 하자. 게슈탈트는 구조, 체제, 형태, 자세(준비) 등으로 해석되는데 구체적으로는 다음과 같은 예로 이미지를 정착시켰으면 한다.

- 칠흑 같은 어둠 속에서는 뭔가 사람을 오싹하게 만드는 근원적인 분위기나 구조가 있다.
- 광고 전광판은 점등된 램프가 어떤 통합을 이루어 문자 게슈

탈트를 형성한다.

- 피라미드의 형태는 역피라미드의 형태에 비해 훨씬 안정된 게슈탈트(구조, 체제)를 이루고 있다.

게슈탈트라는 것은 내가 갖다 붙인 것인데, 이 예를 통해 사실은 이것이 사물을 보는 방식 같은 것임을 짐작할 수 있다.

사물이 보이는 방식의 대극에 있는 것이 사물을 보는 방식인데 만약 사물이 보이는 방식이 게슈탈트라면 사물을 보는 방식도 게슈탈트와 어떤 연관이 있을 것이다. 이 수수께끼 같은 관계를 어떻게 해석하면 좋을까?

왜 사람에 따라 사물을 보는 방식이 다를까

사물이 보이는 방식과 사물을 보는 방식에 대해 크게 시사하는 경우를 하나 소개해볼까 한다. 바로 인간의 얼굴이다.

A씨의 얼굴과 B씨의 얼굴을 어떤 사람은 닮았다고 하고 어떤 사람은 닮지 않았다고 한다. 왜 같은 얼굴이 사람에 따라 달라 보이는 것일까?

여기서부터가 수수께끼를 푸는 첫걸음이다.

A라는 사람의 얼굴에는 A의 독자적인 풍모와 안정된 구조가 있다. 아무도 A를 C라고 착각하지 않는다. A는 한결같은 얼굴을 하고 있고, 모두들 A의 그런 한결같은 얼굴에 익숙해져 있다. 이것이 A의 '얼굴 게슈탈트'(사물 보는 방식)다. 객관적으로 그렇게 보이는 것이니까 '객관적 게슈탈트'라고 이름을 붙여보자.

그러나 사물이 보이는 방식과 대조를 이루는 사물을 보는 방식에 의해 객관적으로는 동일한 대상이 주관적으로는 사람에 따라 다른 식으로 보이고 받아들여진다. 이것 역시 틀림없는 게슈탈트다. 그렇다면 사물을 보는 방식은 '주관적 게슈탈트'로 보아도 무리가 없을 것이다.

앞의 예로 말하자면, 사람은 A의 얼굴을 객관적으로 보면서 동시에 자신의 사물 보는 방식과 자세에 따라 A의 얼굴을 본다. A는 같은 얼굴을 하고 있지만, 사람들은 제각각 다른 얼굴을 보고 있다.

더 알기 쉽게 설명하면, 어떤 사람은 특별히 A의 눈매에 주목하지만, 다른 사람은 A의 얼굴 전체의 윤곽에 주목한다. 이때 A의 얼굴은 두 사람에게 있어서 인상의 포인트가 다른, 서로 다른 얼굴로 부각된다. 같은 A의 얼굴을 두 사람은 거의 다른 얼굴로 인식한다. 이것이 A의 '얼굴 게슈탈트'의 주관적 측면이 된다.

이제 얼굴 이야기에 국한하지 않고, 더 일반화하여 생각해보자. 객관적 게슈탈트와 주관적 게슈탈트로 이루어진 '전체적 게슈탈트'가 있다. 그 중 주관적 게슈탈트의 역학에 의해 사물을 보는 방식은 개개인마다 달라진다. 그 경우 개인의 성격, 자아, 과거의 생활체험 등등이 복잡하게 얽혀 주관적 게슈탈트, 결국 그 사람 나름의 사물을 보는 방식이 형성되는 것이다.

사물을 보는 방식의 바탕에 '가치관'이 있다

우리들의 사물을 보는 방식을 결정짓는 또 하나의 필수조건으로 가치관을 들 수 있다. 조금 딱딱한 말이므로 알기 쉽게 말하면, 가치관이란 타인이 아니라 어디까지나 자신이 의미, 중요성, 소중함 등의 가치를 인정하고 선호하는 사항들의 집합, 전체다.

가령, 누구에게나 의미가 있는 것과 무의미한 것이 있다. 마찬가지로 다른 사람보다 자기 자신이 중요하고 소중하다고 생각되는 것과 그렇지 않은 것이 있을 것이다.

독서는 싫어하지만 몸을 움직이는 것은 좋아하는 사람이라면, 분명히 책보다는 스포츠에 두는 가치가 크다. 반대로 독서가로 불리는 사람은 스포츠를 즐기기보다 책을 읽는 것에 더 큰 가치를 둘 것이다.

의미 있는 것, 중요한 것, 소중한 것은 가치 있고, 그렇지 않은 것은 타인에게는 가치 있는 것일지 몰라도 자신에게는 무의미하다. 매우 극단적인 경우를 상정해보면, 그 가치의 집합 중에는 세계에서 단 한 사람, '나'만이 가치를 두고 있는 것도 있을 수 있다.

이상의 설명으로 충분히 이해가 됐겠지만, 가치는 TV에서 시간 때우기로 보는 것이거나 있어도 그만, 없어도 그만인 광고 같은 것이 아니다. 자신에게 있어서 무엇과도 바꿀 수 없는 훨씬 중요한 무엇이다. 당연히 여러분은 자신이 발견해낸 가치를 그 어느 것보다도 좋아하고 마음이 내켜 선택하고 열렬하게 사랑하기도 할 것이다.

이런 가치 체계가 가치관이다.

우리들은 어떤 것에서 가치를 찾으면 무엇과도 바꿀 수 없는 그것을 지키려고 한다. 또 그 가치를 자연스럽게 여기고 추구하려고 한다. 하나의 가치는 하나의 사물을 보는 방식, 사고방식을 낳는다.

단 하나의 가치에서조차 그렇다면 가치의 집합인 가치관에서는 더욱 그럴 것이다. 따라서 가치관을 갖는다는 것은 사고하는 것, 사물 보는 방식을 결정짓는 것임에 틀림없다. 더 정확히 말하면 가치관을 갖는 것은 사고의 체계인 사상까지 형성하는 것이다. 그러니까 가치관은 개개인의 생활 장면에서 우리들의 태도 결정을 크게 좌우하는데 그치지 않고, 라이프스타일이나 생활관에도 깊이 반영되어 스며드는 것이다.

일상의 사소한 행동까지도 가치관에 의해 좌우된다

표면적으로는 크게 드러나지 않는 일상적인 사항조차도 사실은 가치관이 반영되어 있는 경우가 종종 있다. 가능한 한 평이하게 나 자신의 예를 들어 설명해보려 한다.

읽는 사람에 따라서는 모순이 아니냐고 생각할지도 모르겠으나, 나는 번화가는 좋아하지만 사람이 혼잡하게 붐비는 곳은 싫다. 여기에는 정확한 이유가 있다. 나는 놀기 좋아하는 사람이라서 놀이 코스와 장소, 먹거리 메뉴가 많이 있는 번화가를 좋아하게 된 것은 이상할 것도 없다. 그런데 왜 사람이 붐비는 혼잡한 곳은 싫은가 하면 그것은 어릴 때부터 오늘날까지 일관되게 무리 짓는 것을 싫어하고 무리로부터 거리를 두며 지내온 내 가치관에서 유래한다. 그러므로 그다지 모순될 것도 없다.

또 술을 예로 들면, 일행과 함께 마시는 동반주보다 독주를 하는 경우가 훨씬 많다. 마음이 맞는 친구나 지인과 마시는 것은 정말 즐겁지만 늘 누군가와 함께 마시는 것은 정말 사양하고 싶다.

내가 무리 짓는 것을 싫어하는 정도는 좀 심해서 축제도 별로 좋아하지 않는다. 여러 사람이 무리를 지어 소란스러운 것이 축제의 본질이기 때문이다. 축제가 매우 매력적인 오락, 이벤트라는 것도 인정하고 축제 마니아들이 많이 있는 것에 조금도 개의치 않지만 나는 거기에 동참할 마음이 전혀 없다.

어떠한 가치를 중요하게 여기는지는 사람에 따라 다르다

계속해서 이야기를 진행해보려 한다. 여러분은 밖에서 식사를 할 경우, 줄을 서 기다려서라도 맛있는 것을 먹으려고 하는가, 아니면 맛이 그저 그래도 빨리 먹을 수 있는 쪽을 선택하는가?(식사비는 같다고 가정하고)

이것도 가치선호도의 문제다. 맛있는 것을 먹는 것에 가치를 두고 있는 사람이라면 아마도 전자를 선택할 것이다. 그러나 나는 그런 경우라면 대개 후자를 선택한다. 극단적으로 말하면, 맛있지만 북적대서 기다려야 하는 곳보다는 맛은 좀 떨어져도 사람이 많지 않은 곳을 선호한다. 내 가치관에 의하면 음식의 맛에 대한 문제는 훨씬 하위에 둔다. 맛 같은 건 아무래도 좋다. 어쨌든 필요한 칼로리와 영양만 배에 들어가면 된다고 생각한다.

한편 시간, 능률이라는 요소가 내 가치체계에서는 매우 우월한 위치를 차지하고 있다. 따라서 식사를 하는 것조차도 가능하면 시간을 들이지 않고 빨리 끝내고 싶은 것이다.

화제를 바꿔서, 우리 동네에 꽤 근사한 찻집이 있다. 나는 그곳에서 커피를 몇 잔이나 리필해 마시면서 원고를 쓰곤 한다. 분위기가 좋고 공간도 넓어서 손님도 꽤 자주 드나든다. 그런데 설계상의 작은 결함이겠지만 거의 화장실 입구 가까이에 2인용 테이블과 의자가 놓여 있다.

그 때문일까? 가게가 북적댈 때도 대개 그 자리만은 비어 있다. 아이러니하게도 나는 그 자리를 애용해 원고를 쓰는 경우가 많다. 사람들이 화장실에 드나드는 것만 빼면 정말 조용한 공간이기 때문이다.

이런 것에조차 미미하게나마 가치관이 반영되고 있다. '화장실 옆은 아무래도 싫어. 뭐랄까 화장실에 들어가는 것을 빤히 쳐다본다는 오해를 받을 것 같아 기분이 좀…'이라고 느끼는 사람에게는 그 자리는 꺼려질 것이다. 하지만 조용하게 사색에 빠지거나 메모를 끄적거릴 장소를 원하는 사람에게 이 에어포켓air pocket(비행기가 기류 상태에 의해 일시적으로 속도가 떨어지는 지역. 지형이 복잡한 곳에 많음)과 같은 공간은 무엇보다 쾌적한 특등석으로 여겨질 것이다.

내 이야기는 이 정도로 해두고, 이렇게 해서 가치의 종합세트인 가치관은 우리들의 사고, 그리고 행동에 지대한 영향을 미친다. 가치관이 우리들의 사물 보는 방식을 형성하고 있는 것도 충분히 납득이 갈 것이다.

자신의 가치관을 함부로 남용하는 것은 금물

가치관이 다양해지는 한편, 최근 자기중심적 인간형이 눈에 띄게 늘고 있다. 각자의 가치관은 매우 중요한 것이지만 자기중심적으로 뚫고 나가려고 하면 할수록 타인과 마찰이 생기게 마련이다. 각자의 가치관과 사회성에 대해서는 어떻게 타협을 해 나가면 좋을까? 그 점에 대해 간단한 충고를 덧붙여 둘까 한다.

결론부터 말하면, 칼집에서 빼어든 칼처럼 자신의 가치관에 언제나 시퍼런 날을 드러내놓고 있거나 더구나 그것을 휘두르는 것은 금물이다. 가치관은 그냥 자기 마음속에 간직해두고, 사고축의 하나로 작용하게 하면 그것으로 충분하다. 일부러 과시할 필요도 없고 자연스럽게 배어나오는 대로 맡기는 것이 진심 어린 호감을 불러일으킬 수 있다. 자신의 가치관은 주장해야 할 때 주장하면 된다.

더욱이 자신의 가치관을 무엇과도 바꿀 수 없는 것이라고 생각하고 있다면, 타인 한 사람 한 사람의 가치관도 동등하게 존중해주지 않으면 안 된다. 가령 타인의 가치관이 자신의 가치관과 전혀 양립하지 못하는 것이라고 해도 말이다.

자신의 가치관만 특별한 것은 아니다. 자신의 가치관과 타인의 가치관은 대등하므로 그런 룰을 반드시 지켜갔으면 하는 것이다.

사고력의 하드웨어와 소프트웨어

명탐정의 추리력을 돋보이게 하는 사고의 집합

생각하는 활동과 떼어놓을 수 없는 것 중에 사고의 감각, 능력으로 이루어진 사고력이 있다. 예를 들면, 논리가 정연하게 정립되어 있는 사람을 논리력이 있다고 한다. 분석이나 판단이 뛰어나다면 분석력이나 판단력이 있다는 평가를 받는다. 뭐든지 정확하게 기억할 수 있는 사람은 기억력이 좋다는 말을 듣기도 한다. 이렇게 생각하는 것에 대응해 생각하는 힘, 결국 사고력이라는 것이 있다고 봐도 좋다.

사고와 사고력을 비교해볼 때, 사고는 사고력보다 현상적이고 개별적이며, 사고력은 사고보다 지속적이고 구조적이며 체계적인 성격을 띤다.

누구나 필요하면 추리를 한다. 그러나 그런 일회성의 즉흥적인 추리사고를 우리들은 추리력이라고는 부르지 않는다. 이것에 비해 어떤 어려운 사건도 해결해내는 명탐정, '회색의 뇌세포'를 가동시키는 아가사 크리스티의 명탐정 에르큘 포아로나 코난 도일의 명탐정 셜록 홈즈의 추리사고 집합(세트)은 과연 추리력이라고 부르기에 충분하다.

꼭 포아로나 홈즈가 아니더라도 어떤 것에 대해 추리하려고 한다면, 우리는 여러 두뇌를 작용시킨다. 기억을 더듬거나 이리저리 흩어져 있는 정보를 한데 모으거나 논리를 따지거나 가설을 세우는 등등. 그렇게 해서 그 추리의 정당함이 나중에 입증되기도 한다.

그런 모든 경우를 포함해 추리사고의 배경에 추리하기 위해 필요한 감각, 능력이 한 벌로 완벽하게 갖추어져 있어 그들이 언제든 동원되어 과하고 부족함 없이 작용하고 있는 것처럼 보일 때도 추리력이 있다고 할 수 있다.

결국 단발적으로 그때마다 나타났다가 사라지는 순간적인 추리사고가 아니라 더욱 구조적이며 지속적으로 뇌 내에 뿌리를 내려 언제든지 안정적으로 추리하기 위해 작용하는 뇌 생리적인 구조, 체제, 혹은 사고조직 전체를 가리켜 추리력이라고 부를 수 있는 것이다.

사고력은 지(知)의 저수지

이야기를 일반적인 관점에서 전개해보자. 뛰어난 사고에는 높은 가치의 소프트웨어가 포함되어 있고 그것은 우선 하나의 단독적인 소프트웨어에 머물러 있다. 사고력은 이에 대해 소프트웨어의 체계를 이루고 있다.

이렇게 사고력을 이른바 사고의 하드웨어와 소프트웨어로 다루는 방식 역시 사고력의 본질을 꿰뚫기 위해서는 빼놓을 수 없다.

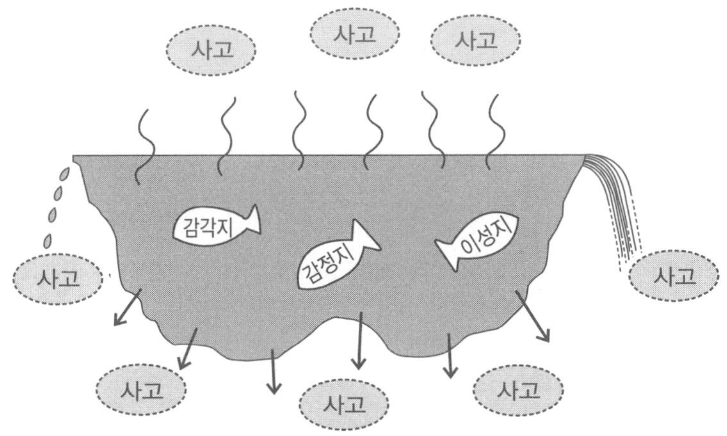

하드웨어라는 것에서 보면 사고력은 기질성器質性, 형태성에 의해 강력하게 조건지워진다. 하지만 동시에 사고력은 뛰어나서 소프트웨어의 체계이고, 그러므로 개개의 사고 소프트웨어의 집적과 체계화에 의해 이것을 의식적으로 구축하고 향상시켜가는 것도 충분히 가능해지는 것이다.

반대로 개개의 사고활동도 사고력으로 유지되어 전개되고 있다는 견해도 성립된다. 그 경우 사고력은 마치 지知의 저수지 같은 것이라고 생각하면 된다(그림 3 참조). 하나하나의 사고는 그들 사고력의 하드웨어나 소프트웨어의 체계로부터 스며 나오거나 쏟아져 나온다. 소프트웨어가 한 방울 한 방울 달아난다.

요컨대 사고와 사고력은 일방통행이 아니라 상호통행의 관계에 있다. 사고→사고력, 사고력→사고의 두 흐름이 순간순간 끊임없이 교차하고 있다. 그 복잡하고 역동적인 교통communication이 사고에 생기를 불러일으켜 더욱 빛나게 하고 사고력 역시 한없이 풍요로워진다.

아버지와 어머니한테서 물려받은 것

사고력에 관한 얘기와는 조금 거리가 멀지만, 일반적으로 능력이라고 불리는 것은 원래 유전이나 천성적인 자질에 의해 대략 정해져 버리는 것일까, 아니면 후천적인 환경요인이 더 강하게 작용하고 있는 것일까?

이것은 옛날부터 오늘날까지 끊임없이 논쟁이 되어 온 테마다. 결국은 자질로 정해진다고 생각하는 것이 자질결정론이고, 그렇지 않고 교육이나 본인의 노력 등 후천적인 환경요인이야말로 열쇠를 쥐고 있다는 것이 환경결정론이다.

이제부터 이 테마에 대해 생각해보자.

우리들은 많은 것을 부모에게서 물려받는다. 인간에겐 아버지와 어머니로부터 유전되는 것이 있는 게 당연하지만, 한쪽으로부터만 전수받은 것도 있는가 하면, 둘 모두로부터 혼연일체로 전수받은 것도 있어 정말 절묘하고 불가사의하다고 하지 않을 수 없다.

구체적으로 나 자신의 예를 또 하나 들어보는 것이 가장 이해하기 쉬울 것 같다. 우선 신체적 특징과 체질에 관한 것부터 보자. 아버지는 병약하고 왜소한 편이라 힘이 세지 않고 위장이 약하다. 어머니는 당시 여성으로서는 장신에 가깝다. 중년까지는 오히려 날씬한 몸매였지만 놀라울 정도로 건강하다. 내 경우 건강한 것은 어머니를 닮았다. 위는 튼튼하지만 장이 약한 것은 아버지 쪽을 물려받았다. 키는 두 분의 중간으로 평균치에 가깝다.

아버지로부터는 유감스럽게도 대머리형질도 이어받아 버렸다. 머리가 벗겨진 것이나 두상의 형태, 얼굴 모습도 아버지를 닮은 것이 이제 와서 보니 새삼스럽다. 지능 면에서 아버지는 학업성적이 평균 이하였다고 한다. 독서를 싫어하고 기억력도 나쁘고 머리 회전도 그리 빠르지 않다. 대신 음악, 미술 같은 예술 과목을 좋아해 일찍부터 음악의 길을 지망하셨다. 어머니는 훨씬 우등생이었다고 한다. 독서를 좋아해 초등학생 때 세계 문학 전집을 독파할 정도였고, 머리 회전이 빠르고 기억력이 뛰어나다.

그렇다면 어린 시절 나는 어땠을까? 뛰어난 기억력은 어머니한테 물려받고 머리 회전이 느린 것은 아버지한테서 물려받았다. 종합적으로 보면 머리의 성능은 어머니를 닮았지만 두뇌 회전은 그리 좋은 편이 아니어서 시간은 좀 걸리지만 천천히 생각하면 반드시 답을 찾아내는 타입인 것 같다. 그런데 이런 타입은 반사적으로 생각하거나 행동하면 실패하는 경우가 많다. 이 같은 것을 반영하기라도 하듯 예능에 뛰어난 아버지는 음악대학에 들어가 음악가, 음악교사의 길을 한결같이 걸어오셨다.

한편, 어머니는 다재다능해서 열여덟에 가야금 명창이 되고 결혼 후에는 가사와 육아 짬짬이 가야금을 가르치고, 뜨개질 일을 받아하고, 속기를 배우셨다. 가계를 돕기 위해 수년간 생활설계사 일을 하던 시기도 있었다. 60대에 독일어를 공부하는 한편, 눈 깜짝할 사이에 자서전을 써내 자비출판도 했다.

이렇게 이것저것 발을 넓히는 점에서는 필시 나는 어머니의 피를 많이 이어받은 것 같다. 성격, 기질에 관해서는 좋은 면, 나쁜 면—임시로 그렇게 분류할 수 있다고 한다면—을 포함해 아버지, 어머니

안에 있던 거의 모든 것을 내 안에서 문득문득 발견한다.

아버지는 로맨티스트고 몽상가다. 여하튼 아름다운 것을 좋아한다. 말주변 없고 사교성도 없다. 온순하고 여리고 외유내강형이다. 어머니는 애정 깊고 명랑하고 활력이 넘친다. 아이디어맨인 데다 행동력도 있다. 반면 낯가림이 있고 수줍음도 많이 탄다. 그리고 어디에도 비길 데 없는 '사람 좋다'는 면에서는 두 분 모두 공통적이다.

이러한 아버지, 어머니의 성격적 유전자가 거의 모두 내 안에 있다. 정말 '붕어빵'이다.

자질요인과 후천적인 환경요인은 밀접하게 융합되어 있다

이상 서술한 것은 내 자질적 측면이었다. 이런 자질적 측면을 완전히 무시하고 나 자신을 바르게 생각하는 것은 불가능하다.

하지만 이것은 나라는 인간의 빙산의 일각에 지나지 않는다. 한편, 거의 무수한 환경적 요인이 나에게 다양한 영향을 끼쳐왔다. 가령 아버지나 어머니의 교육적 배려라는 환경적 요인도 무시할 수 없다. 그러나 그 이상으로 나는 나 자신의 사고, 행동, 체험에 의해 남들만큼의 사회성과 세상 보는 눈 등 다양한 것을 후천적으로 획득했다.

이렇게 나는 자질요인에 못지않게 환경요인의 영향을 지대하게 받고 있다. 양자는 결코 갈라놓을 수 없이 완전히 융합되어 있다. 이것은 나뿐만 아니라 누구든 그렇다. 생물학자인 S. 그루드는 말한다. "유전(자질)과 환경은 복잡하게 얽혀 있어 양자의 영향을 분리하는 것은 불가능하다."(N. 앙제 ≪미움 받는 것일수록 아름답다≫)

자질요인과 환경요인이 융합되어 있다는 조건이 있기 때문에 우리들은 초사고를 하는 것도, 초사고력을 기르고 확립하는 것도 가능하다고 할 수 있을 것이다.

바하의 가문에 음악가가 많은 이유

앞에서 능력은 자질요인으로 정해지는가, 아니면 환경요인으로 정해지는가 하는 것이 오랜 세월 논쟁의 테마가 되어왔다는 말을 했다. 화제를 그 테마에 맞춰보자. 결론부터 말하면 자질요인과 환경요인의 조화와 축적에 의해 능력은 만들어진다고 생각하는 것이 옳다. 이것을 자질·환경 융합설이라고 부르기로 하자.

이제부터 내가 그렇게 생각하는 근거를 제시하겠다. 예를 들어 바하의 가문에서는 많은 음악가가 배출되었다. 그래서 이 예가 자질 결정론의 증례로 자주 인용된다. 하지만 다른 해석도 가능할 것이다. 뛰어난 음악가가 평소 바로 옆에서 생활하는 가정환경은 아이들의 음악적 재능을 개화시키거나 신장시키는 데 매우 큰 영향을 미친다. 자연히 음악의 소양이 몸에 배기 쉽고 음악의 길로 나가는 사람이 느는 것도 그리 이상한 것이 아니다.

한편 "서당개 3년이면 풍월을 읊는다"는 말을 입증해주는 경우도 이 세상에는 적지 않게 존재한다. 이것은 환경결정론의 진영에서 선호하는 예다. 그러나 이것에도 반론의 여지가 있다. 분명 그런 서당개도 있을 테지만, 똑같은 환경에 오래 있으면서도 결국 풍월을 읊지 못하고 일생을 마치는 서당개도 많이 있다. 그렇다면 혹시 배우지 않고도 풍월을 줄줄 읊는 서당개는 다른 서당개들과 달리 머리가 훨씬 좋았던 것은 아닐까? 그렇게 생각하면 그것은 환경결정론이 아니라 오히려 그 서당개에게 선천적으로 그런 자질이 있었다는 증례가 되지 않을까?

결국 어느 가설도 극론이라는 것이다. 현실적으로 가장 합리적인 답변은, 분명 자질요인도 없다고는 할 수 없지만 후천적 환경요인도 능력 형성에 적잖이 영향을 미치고 있으며 그 이상도 이하도 아니라는 것이다.

그런 까닭에 능력은 자질요인과 환경요인의 조화와 축적으로 결정된다는 자질·환경 융합설이 사실적으로도 합치하고 설득력도 있어 가장 타당한 견해라고 결론지어도 좋을 것이다.

함께 사는 형제의 사고방식이 다른 이유

나는 형, 누나, 두 남동생이 있는데 그들과 나는 DNA 측면에서는 같은 인자를 공유하고 있을 가능성이 충분히 있다. 하지만 후천적인 환경요인은 그런 식으로 공유하기 어려울 것이다. 가령 주위 사람 그리고 본인들이 같은 체험을 공유하고 있다고 믿어 의심치 않는 경우조차도 그렇다.

환경요인 중에는 아버지, 어머니, 나와 형제들 한 사람 한 사람에게만 개별적으로 작용하는 것이 있다. 어느 날 형은 친구들과 바다에서 수영을 하고 있는데, 같은 시간 나는 클라리넷에 푹 빠져 있다. 누나는 피아노를 치고 있고, 두 남동생은 개와 장난을 치며 놀고 있다. 아버지나 어머니도 물론 각각 전혀 다른 환경요인에 노출되어 있을 것이다.

나는 이것을 환경요인의 특이 선택성이라고 부른다. 환경요인은 반드시 한 특정한 인간만을 선택해 쏟아진다.

이번에는 가족들이 식탁을 둘러싸고 같은 TV 프로그램을 본다. 이렇게 분명히 동일 체험을 공유하고 있는 것처럼 보이는 경우는 어떨까? 그러나

이 경우라도 본질적으로 사정은 변하지 않는다. 동일하게 보이는 환경요인이 가족을 둘러싸고 있지만 한 사람 한 사람이 차지하는 장소, TV를 보는 각도, 식사 진행방법이 다를 뿐 아니라 각자의 TV 보는 방식과 뇌의 사고 과정이나 내용도 동일할 수 없다. 개개인이 같은 화면을 보면서 다른 모습으로 느끼고 생각한다. 결국 객관적으로는 동일한 환경요인이 주어져도 각각의 반응 구조가 다른 것은 당연하다.

마찬가지로 형제 둘이 함께 개와 장난을 치고 있을 때도 즐겁다는 감정은 공유할 수 있겠지만 그 유쾌한 놀이가 뇌에 어떤 흔적을 남기고 어떤 추억으로 남는지는 전혀 알 수 없다. 각자 자유롭게 마음대로 생각하기 때문이다.

둘이 방에서 책상을 맞대고 공부할 때에도 그 결과는 예측하기 어렵다. 옆에서 보기에는 같은 교육환경이 주어져 있지만 학습심리의 과정은 각자 다르고 당연히 성과도 다를 수밖에 없다.

인생은 이러한 환경요인의 허다한 집적이다. 따라서 DNA에 아무리 공통점이 많고, 오랜 시간 함께 지내왔다고 해도 저마다 다른 인생을 걷고 다른 인간으로 살아가지 않을 수 없는 것이다.

③ 나는 어떤 사고형일까?

효율적으로 생각할 수 있는 사고형의 효용

다음으로 사고와 사고력을 연결하는 접점에 있는 것으로, 사고의 유형style이라는 테마에 대해 이야기해보자.

형型이라고 하면 주물틀(거푸집) 같은 금속성 틀 모양을 떠올리기 쉽다. 사고형은 물론 그런 것은 아니며 그보다 더욱 부드러운 소프트웨어다.

유형에는 매우 큰 효용이 있다. 가령 스탬핑(철판의 프레스 성형)의 자동화 라인에서는 금형에 철판이 차례차례 세팅되어 순식간에 프레스 성형된다. 이 틀을 이용하면 정말 솜씨도 좋아지고 능률도 높아진다. 게다가 일정한 수준의 품질을 얻을 수 있다. 아주 쉽게 대량 생산이 가능하고 표준화도 이루어진다.

이처럼 사고형도 마찬가지 작용을 한다. 만약 사고의 틀이 없다면 수동 프레스로 철판을 한 장씩 찍어내는 것과 같아서 그때마다 천천히 생각해야만 할 것이다. 생각하는 데 수고가 들고 사고의 품질도 균일하지 못하고 흐트러질 것이다. 그러나 사고형이 있으면 이야기는 달라진다. 머릿속에 컴퓨터의 활용 매뉴얼이 있는 것과 같으니까 매뉴얼대로 진행해나가면 생각이 술술 나온다. 정말 편리한 시스템이다.

그런 의미에서 사고의 유형을 갖고 있으면 사고의 강자가 될 수 있다. 어떤 테마에 대해서도 그 틀에 부어넣기만 하면 그리 고생하지 않고도 생각하고 결과를 이끌어낼 수 있다.

사고형은 사고라는 행위와 사고력이라는 능력의 중간점에 위치한다. 사고라는 일회성의 단독적인 활동에 비하면, 사고형에는 더욱 체계적이고 반복 활용할 수 있는 절차나 순서가 있다. 그러나 그것은 소프트웨어이기 때문에 측두부의 해마(귀 앞 상부의 내측 부분에 위치한 기관)라고 불리는 일시기억창고나 전두엽(이마의 내측 부분의 대뇌피질)의 의지력의 자리라고 하는 하드웨어(장소·그릇), 사고조직을 갖지 않는다. 결국 사고력이라는 구조 안에는 위치할 수 없다. 사고형은 어디까지나 사고의 소프트웨어이고 사고법, 사고기술이다.

이제부터 이 사고의 소프트웨어를 소개해나갈 텐데, 무작정 생각하는 것이 아니라 잘 생각하도록 돕는 사고형을 알고, 그것을 마스터해 실전에 응용할 수 있도록 하는 것에서부터 사고법은 구체적으로 시작된다. 덧붙여 미리 지적해 둘 것이 있다. 사고형이 모두 좋은 것만은 아니다. 사고의 생산성, 능률을 크게 향상시키기는 하지만, 역시 '틀'이라는 것이 갖는 부정적인 측면도 있다. 금형만큼 견고한 것은 아니라 하더라도 사고를 틀에 부어 경직시킨다는 폐해가 있다. 그런 점을 머릿속 깊이 새겨 넣고 사고형을 획득해 활용하기를 바란다.

수렴사고와 확산사고, 두 가지 사고형

사고형 중에 가장 중요한 것은 수렴사고와 확산사고라는 서로 이질적인 한 쌍의 소프트웨어다. 우선, 이 두 가지 사고형을 나름대로 정의해두고 싶다.

수렴사고란 사고 소재(정보ㆍ사건ㆍ현상)의 탐색, 수집을 포함해 목적과 관련지어(목적적으로) 생각하고, 테마ㆍ문제의 핵심까지 깊이 파내려가 초점을 좁혀가며 아이디어나 성과를 올려나가는 분석적인 사고법이다.

한편 확산사고란 사고 소재(정보ㆍ사건ㆍ현상)의 탐색, 수집을 포함해 생각을 점점 좁혀 들어가는 대신에 테마ㆍ문제에 대해서 보다 넓고, 크고, 멀리 생각을 확장시켜 아이디어나 성과를 올려나가는 확장적인 사고법이다.

다음에 두 가지의 구체적 행동 사례를 들어보겠다. 각각 꽤 이질적인 사고형임을 알 수 있을 것이다.

엔지니어에게 많은 수렴사고형 인간

나는 전에 어느 대기업 자동차회사의 엘리트 엔지니어들을 상대로 창조성 개발 연수지도를 담당한 적이 있다. 교재의 하나로 몇몇 도시에서 촬영한 "타운 와칭town watching" 비디오를 사용했다.

수강자들에게 그것을 보고 감상을 자유롭게 쓰게 한 다음 그룹별로 토론을 하도록 했다.

이것을 해보니 수강자 한 사람 한 사람의 사고형을 잘 알 수 있

	수렴사고	확산사고
라디오를 듣는다	도로의 혼잡상황을 알고 가능한 한 빨리 목적지에 도착하기 위해 라디오의 교통정보 스위치를 켜고 귀를 기울인다.	집에서 빈둥거리며 가끔 흘러나오는 라디오의 교통정보를 듣는 둥 마는 둥 한다. 지명을 기억하거나 아나운서의 목소리, 화법에 흥미를 갖거나 명확하지 않은 연상에 잠긴다.
일에 아이디어를 낸다	비용절감을 위해 조립제품을 구성부품까지 분해하고, 거기에 재료, 설계, 가공, 운송까지 철저하게 생각해 내 최적의 아이디어를 낸다.	정밀기계회사의 기술 그룹이, 다른 업종의 가능한 한 큰 제품(조선·철강·자동차)을 만드는 공장을 견학하고 다니며 새로운 발상의 힌트를 얻는다.
업무 관련 용어를 사전에서 찾는다	조사를 다 마치면 옆길로 빠지지 않고 그것을 토대로 생각한다.	한창 조사중에 옆에 실려 있는 다른 화제에 흥미를 갖고 탈선하거나 딴 짓을 한다.
독서를 한다	어느 특정 분야의 책에 집중해 정성스럽게 읽고 이해한다.	분야를 한정하지 않고 여러 책에 관심을 기울여 뒤져 읽거나 슬쩍 알아본다.

었다. 그들 중에는 자신의 관심에 치우쳐 비디오를 보고는 "저것이 흥미 깊었다." "이것이 인상에 남았다."는 사람도 분명 있었다. 그러나 그것은 극소수였고, 대다수의 사람들은 처음부터 연수의 주제와 연결지어 자신의 일에 직결되는 정보에만 관심을 기울이며 그 이외의 정보는 거침없이 잘라내 버리고 눈길도 주지 않는 반응을 보였다. 이것은 엔지니어들에게 많이 나타나는 전형적인 수렴사고다.

뚜렷한 목적의식, 문제의식이 있어 합리적이고 직선적으로 생각해 나가니까 분명 능률은 향상되고 불필요한 것들이 개입하지 않는다. 반면 사고가 더 이상 넓어지지 않고 팽창되지 못한다는 측면도 있다. 그들에게는 그런 사고형(수렴사고)이 완벽하게 몸에 배어 있었다.

이것에 비해 확산사고의 경우는 중심으로 수렴하는 방향성보다 주변으로 멀리 확산해 나가는 방향성이 강하다. 그 범위보다 넓은 시야에 서서 생각하거나 비약된 재미난 발상도 생겨나는데 발산되기만 했지 생각이 조금도 정리되지 않는다는 단점도 있다.

여하튼 이 한 쌍의 사고형에 비추어보면, 사람에 따라 누가 수렴사고를 하고 있고 누가 확산사고형인지 금방 알 수 있게 된다.

나고야사겐타, 그 삶과 사고형

사고형은 일단 만들어지면 그 사람의 강력한 사고법으로 작용한다. 아니 그것에 그치지 않고 이후의 행동, 나아가서는 삶의 방식에까지 영향을 미치기도 한다. 여기에 막부 말幕末에서 메이지明治, 다이쇼大正기에 걸쳐 활약한 두 이색적인 인물을 예로 들어 사고형이 어떻게 영향을 미치는지에 대해 생각해보자.

한 사람은 귀중한 민속지 ≪남도잡화南島雜話≫를 저술한 사츠마薩摩의 위병 나고야사겐타名越左源太(1819～1881)이고, 또 한 사람은 일본의 당시 변경이라고 불리던 지역에서 연해주沿海州까지를 정력적으로 답파한 아오모리靑森현 사람, 사사모리기스케笹森儀助(1845～1915)다.

나고야사겐타는 대대로 사츠마 위병의 요직을 역임한 나고시 가문名越家의 상속자로, 장래의 간부 후보생으로 촉망받는 엘리트 무사였다. 그림에 재주가 있고 본초학에 통달한 데다가 의술까지 겸비한 교양인이었다. 그런 그가 사츠마를 떨게 한 유명한 "유라由羅소동"으로 쿠데타의 모의에 가담했다고 하여 아마미오오시마奄美大島로 유배당한다.

이후 사면되어 귀향하기까지 5년여, 사겐타는 그 섬의 전승, 민속, 행사, 동식물 등을 극명하게 관찰하고 기록한다. 복스럽고 부드러운 선이 특징인 그림과 단문으로 구성된 3백여 점의 작품은 나중에 ≪남도잡화≫라는 이름으로 길이 남는 진품이 된다.

예를 들면 시어(만새기. 식용의 바닷물고기) 낚시, 산란, 제당, 양잠, 화전, 경마, 소싸움, 스모, 노로·카네사루와 같은 민속행사, 도구의 이용법, 상상의 동물 등 정말 많은 제재를 작은 것 하나도 놓치지 않고 정확하게 그려내고 있다. 미술품으로서의 가치도 높지만 그에 못지않게 당시 섬의 모습을 현재까지 전승시킨 일본 제1급 민속사료, 박물지라는 평을 받고 있다.

여기서 나고야사겐타의 사고형이 분명한 수렴사고라는 것에 주목했으면 한다. 섬에서 나올 수 없다는 제약조건이 있기는 하지만 그는 항상 분석적으로 대상을 관찰하고 세부묘사를 비롯해 일관된 스타

일을 고수한다. 제재는 여러 갈래에 걸쳐 있다고는 해도 결국은 아마미오오시마라는 한 섬 안에 수렴되어 있다.

따라서 사겐타는 귀향해 죽기 전까지 그의 교양인적인 감각이 뛰어난 박물학적 호기심을 끝없이 확장시켜 분방하게 추구해나가는 삶을 그제껏 한 번도 산 적이 없었다. 나고야사겐타의 사고법에 있어서 ≪남도잡화≫의 세계는 아마미오오시마 안에 완결되어 있다. 그 점이 다음에 등장할 사사모리기스케와 본질적으로 다른 점이다.

사사모리기스케, 그 삶과 사고형

사사모리기스케는 아오모리의 지방행정관으로서 사회에 첫발을 내디뎠다. 정치가를 꿈꾸다 일찍이 정계에 실망, 그 후 갑자기 인생의 절반 시점인 46세에 관직에서 물러나 74일 만에 홋카이도東海道에서 큐슈九州까지의 무전여행을 마친다.

그리고 무엇에 이끌린 듯이 그의 탐험여행은 본격적으로 시작된다. 다음해, 북방의 치시마千島를 탐험하고, 그 이듬해에는 혼자서 4개월 반 동안의 오키나와沖繩 본도, 미야코 열도宮古島, 이리오모테시마西表島, 요나구니시与侮那攻島, 아마미오오시마奄美大島 등 여러 섬의 순례에 나섰다.

그 인연으로 4년 동안 아마미오오시마의 도지사를 역임하며 그 사이 남도의 열 개 섬과 대만을 조사해 도지사 사임 후에는 (지금의) 북한, 러시아로 통하는 연해주 탐험에 몸을 실었다. 저서 ≪사사모리기스케의 족적≫에 따르면, 그사이 종종 마구간에 기거하며 지냈고 대부분 감기에 걸려 있었다고 한다.

그 정열, 거기까지 그를 신들린 듯한 탐험 행동으로 몰아세운 사고형이야말로 확산사고였다고 하지 않을 수 없다. 게다가 사사모리기스케는 단순한 탐험가가 아니다. 그는 어디를 가든 앞의 나고야사겐타에 뒤지지 않을 민속학적, 박물학적 호기심으로 그 지방에서 보고 들은 민정, 지형의 형세, 풍속, 산업, 사회문제 등을 꼼꼼히 써내려갔다.

그것은 어떤 면에서는, 사사모리기스케가 행정가로서 어느 틈에 몸에 배인 사고형을 표출한 것이라고도 할 수 있고, 더 개인적이고 실존적인 그만의 확산사고의 자연스런 발로였는지도 모른다. 여하튼 자신도 모르게 불거져나가 멀리 멀리 날아가 버리는 이러한 행각은 확산사고의 큰 특징이다.

자세한 것은 앞에 있는 글을 읽어보면 알겠지만, 그는 58세에 제2대 아오모리 시장에 취임하여 핫코다 산八甲田山 조난사건의 사후처리를 맡았고, 말년에는 오사카의 병원 사무원이 되는 등, 그 활약은 어디까지나 확산사고형으로 한 부분에 묶여 있지 않았다.

지금까지 살펴본 대로 사고형은 생각했던 것 이상으로 큰 작용을 하는 것을 알 수 있다. 이는 나고야사겐타, 사사모리기스케에게만 한정된 것은 아니다.

수렴사고와 확산사고를 효과적으로 병용한다

수렴사고와 확산사고는 가장 기본적이며, 또 우리들의 사고 과정의 방향을 강력하게 결정짓고 전개시키는 두 가지 사고형이다. 여기에 더 중요한 사실을 덧붙이자면, 양자는 서로 대립하거나 어느 한

쪽만으로 되는 것은 아니다.

마케팅의 시장조사에는 정점관측, 이동관측이라는 두 가지 방법이 있다. 이 중 정점관측은 분명히 수렴사고의 성격을 띠고 있고, 이동관측은 확산사고의 방법론에 의거하고 있다. 시장조사에 정점관측과 이동관측 두 가지가 모두 필요한 것처럼 초사고를 위해서는 수렴사고와 확산사고의 어느 쪽도 소홀히 할 수 없다. 양자는 변증법적으로 통일되고 효율적으로 병용되는 것이 바람직하다.

구체적이고 실천적으로 말하면, 어떤 주제에 대해 생각하기 시작하는 단계에서는 확산사고를 주로 한다. 그래야 생각이 확장되고 사고 내용이 풍부해진다. 처음부터 수렴사고로 생각하면 평균 수준의 평범한 아이디어밖에 나오지 않는다.

그리고 사고가 어느 정도 확산되었다면, 이번에는 과감히 방향 전환을 해 수렴사고로 돌린다. 이렇게 하지 않으면 생각이 산만해지거나 화제가 너무 확장되어버려 수습이 어려워지기도 한다. 결국 수렴사고와 확산사고를 효율적으로 병용하려면 적절한 레버 전환이 필요하다.

응용 케이스를 상정해 놓으면 더욱 섬세해질 수 있다. 생각이 확장되지 않을 때는 확산사고를 취하고, 너무 발산되었을 때는 수렴사고로 전환한다. 그렇게 수시로 양자를 병용할 수 있게 되면 분명 훌륭한 성과를 얻을 수 있을 것이다.

크레츠머의 세 가지 유형과 사고형

이번엔 크레츠머의 세 가지 유형이라고 불리는 것에 대해 이야기해보자. 크레츠머Ernst Kretschmer는 19~20세기 인간의 체형과 성격의 관계에 대해 연구한 독일의 정신의학자다. 그는 연구를 통해 양자 사이에 상관관계가 있다는 것을 지적하고 이것을 세 가지 기질로 나타냈다.

그에 따르면 인간의 기질은 ① 순환기질(조울기질) ② 분열기질 ③ 점착기질(간질기질)로 크게 나누어진다. 체형으로 보면 순환기질은 둥근 비만형, 분열기질은 마른 형, 점착기질은 근육질의 야무지고 튼튼한 체형이다.

성격적으로 보면 순환기질은 사교적이고 따뜻하고 현실적인 현실가가 많다. 유쾌하고 건강한 기분일 때와 우울하고 생기 없는 기분이 순환되는 경향이 있으므로 이렇게 불린다. '조躁'와 '울鬱'이라는 두 축이 중심을 이루고 있는 기질이다.

분열기질은 비사교적이고 내향적이어서, 조심스러우며 소극적인 기질이다. 고지식하고 신경질적이고 까다로워 비위 맞추기가 어렵다. 분열기질에서 성격과 기질을 규정하는 주축은 '민감'과 '둔감'이다. 어떤 면에서는 매우 민감함과 동시에 굉장히 둔감한 면도 있다.

점착기질은 감정의 움직임이 적다. 하나의 사항에 열중하고 전통에 집착하는 보수성이 있다. 침착하고 안정되어 있지만 지적인 두뇌 활동은 완만한 편으로 타인에 대해서는 은근하고 예의 바르다. 이 기질은 '점착'과 '폭발'의 두 극을 갖고 있어 정신적 템포가 심하게 느슨할 때와 폭발적으로 감정방출을 할 때가 있다(≪이와나미 소사전.심리학≫에서 요약).

시험적으로 이것을 체크리스트 삼아 자신은 어느 타입에 가까운지 자가 진단해 보자.

그런데 이 세 가지 유형을 인용해 사고의 형태를 유형화시켜볼 수 있다. 이름도 그대로 빌려 순환사고, 분열사고, 점착사고라고 부르기로 하자.

여기서부터는 내 개인적인 의견이다.

❶ 순환사고

일반적으로 사고활동이 활발하고 생각이 유창하게 잘 나온다. 다른 두 타입에 비해 사고속도도 빠른 편이다. 그 대신 공상도 많고 감정이 금방 바뀌어 변덕스럽다. 또 들뜬 상태와 가라앉은 상태가 교

■그림 5 세 가지 사고형의 이미지

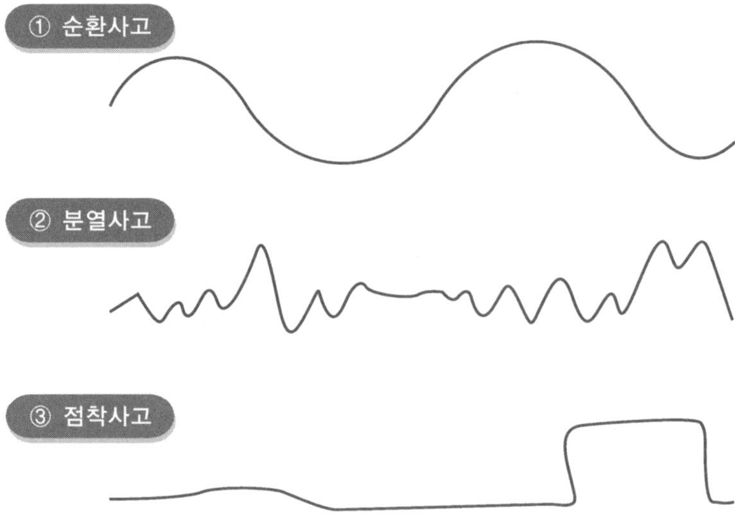

차하기 때문에 사고활동도 그 파장에 따라 순환적으로 변한다. 직관적인 이미지로 나타내면 그림 5의 ①에 해당된다.

이런 사고형이 우세한 사람은 매일매일 같은 일이 반복되는 것을 못 견뎌하고 무리하게 강행하면 순환사고의 장점이 기를 못 편다. 그 장점을 살리려면 파장이 상승과정으로 향하고 생기가 돋아 활동적인 기분일 때 마음껏 생각하도록 하면 된다. 또 많은 테마에 대해 생각할 경우에도 이런 파장의 사이클에 맞춰 시간을 두고 주기성을 갖도록 하면서 계속 생각해나가는 것이 무리 없고 효과도 크다.

❷ 분열사고

조금 신경질적으로 보이는 만큼 감수성이 예민하다. 그만큼 매우 섬세하고 깊이 생각하는 힘이 있다. 그 이미지는 전형적인 것이 아닌 불규칙성을 가진 그림 5의 ②와 같다.

분열사고의 사고활동은 다른 두 유형보다 내성적으로 전개된다. 결국 마음속에서 폐쇄적으로 이루어지는 경향이 있어 타인의 눈에 잘 띄지 않는다. 그 때문에 분열사고의 사고내용은 성격이 꽤 별나다는 인상을 줄 수 있으며 세 가지 사고형 중에서 특이성이 가장 강하다.

따라서 분열사고는 어떤 틀에 갇혀 버리면 힘을 발휘하지 못한다. 분열사고가 우세한 사람은 이 점을 충분히 자각해서 장점을 견고하게 유지할 필요가 있다. 주변에서 별난 성격이라고 하든 말든 신경 쓰지 말고, 자신의 리듬대로 관심 있고 좋아하는 테마를 자유롭게 계속 생각해 나가면 된다.

❸ 점착사고

쉬지 않고 끈질기게 어떤 사항에 덤벼들어 생각할 수 있는 것이 큰 장점이다. 안정성이 있고 사고방식도 꼼꼼해 순환사고 같은 변덕이나 분열사고 같은 별난 면이 없다. 안정성은 가장 높다(그림 5의 ③).

반면, 생각에 융통성이 결여되어 있고 패턴화되기 쉬운 점이 있다. 유연하고 자유분방하게 생각하는 것을 기대하기는 어렵다. 완벽주의자라서 작은 일에 잘 얽매이는 탓도 있다. 이 유형은 스스로 그 점을 자각하고 너무 지나치지 않도록 유념하면 된다.

또 한 가지, 점착에서 폭발로 격변하는 것에 대해서는 어떻게 이해하면 좋을까? 나는 이것을 비교적 긍정적으로 보고 있다. 소위 '산산조각 난' 상태로 문제를 일으킨다면 곤란하지만 사고의 폭발은 오히려 창조적인 사건인 경우가 많다. 그 순간 보통 때의 전형적이고 무미건조하던 사고에 시원한 바람구멍이 뚫린다. 사고의 생산력이 단숨에 급상승하고 질적으로도 뛰어난 사고가 나올 확률이 높다. 기발한 아이디어나 사상이 분출하는 것도 이때 기대할 수 있다.

세 가지 유형이 혼재하는 개개인의 사고형

그런 까닭으로 크레츠머의 도식에 따른 사고형의 세 분류는 손쉽게 빨리 자신의 사고형을 파악하는 데 편리하다. 그러나 각각에 일장일단이 있다. 그러므로 좋은 점은 크게 늘리는 한편, 부정적인 면을 줄여나가는 것에도 노력했으면 한다. 단, 이것을 너무 과신하지 않도록 두어 가지 정도 주의점도 함께 지적해 두겠다.

첫째, 혈액형 성격진단과 마찬가지로 과도한 단순화에는 폐해도 있다. 그 하나의 예로 자질결정론에 빠져버리는 것을 들 수 있다.

체형이나 성격으로 많은 부분이 결정되어 버린다는 것은 약간 억지 같은 느낌이 든다. 살아있는 인간은 매우 복잡하고 그 사고형도 천차만별이 아닌가?

둘째, 이 세 가지 유형은 어디까지나 각각의 전형적인 이상적 타입ideal type이라는 것을 잊지 않았으면 한다. 살아있는 인간은 세 가지 유형이 어떤 비율로 혼재해 있다고 보는 것이 현실에 더 가깝다고 할 수 있다. 나에게도 순환사고, 분열사고, 점착사고의 모든 면이 존재한다. 그것이 어떻게 혼재되어 있느냐로 나만의 독자적인 사고형이 만들어진다고 보는 것이 더 자연스러울 것 같다.

주위를 환기시키기 위해 몇 가지 주의점을 덧붙여 보았다. 이것도 잘 새겨 두었다가 사고형의 세 가지 유형과 함께 활용하면 한층 더 도움이 될 것이다.

현명함의 수준이 여실히 드러나는
원 · 투 · 쓰리 사고

원·투·쓰리 사고란 무엇인가?

머릿속에 떠오르는 가치, 옵션의 수가 지표

이번 장부터는 다양한 사고법을 소개해 나가기로 하자. 그 첫걸음으로 원·투·쓰리 사고one·two·three thinking를 들 수 있는데 수많은 사고법 가운데 가장 단순한 형식이면서 현실적으로 가장 많이 사용되는 사고법이기도 하다.

그럼 다음 세 가지 사고를 비교해보자.

① "어디보자, 오늘은 영화를 볼까?"

② "영화를 볼까, 친구를 만날까?"

③ "영화도 좋고, 친구도 만나고 싶고. 아니면 드라이브를 할까?"

이 모두가 머릿속에 떠오른 생각이지만 ①은 영화를 본다는 단 하나의 사항만을 포함한다. 결국 하나의 가치 혹은 하나의 옵션option만으로 이루어진 생각이다. 이것에 대해 ②는 영화를 본다, 친구를 만난다는 두 개의 가치, 옵션을 갖는다. ③은 영화, 친구, 드라이브의 세 가지 가치와 옵션을 갖는 생각이다.

이상을 일괄적으로 알기 쉽게 원·투·쓰리 사고라고 하자. 더 정확히 말하면, 이것은 단일 가치, 2가치, 3가치 사고다. 하나의 가치만으로 이루어진 사고가 단일 가치 사고, 가치가 둘이면 2가치 사고, 셋이라면 3가치 사고다. 나아가 4가치 사고, 5가치 사고, 6가치 사고 등도 당연히 생각될 수 있겠지만 3가치 이상의 사고법은 4가치 사고로 통칭하겠다.

가장 많이 사용되어 용도가 다양한 기본적인 사고법

가치는 답이나 옵션만으로 한정될 수 없다. 앞에 든 세 가지의 사고는 옵션을 예로 들고 있는데 그밖에 의견, 아이디어, 데이터 등도 가치에 포함된다.

그 예를 몇 가지 들어보겠다.

- "잔업이 없으니 데이트를 해야지."
- "목욕을 하고 독서를 하자."
- "TV를 보면서 햄버거를 먹으면 시간이 절약되겠군."
- "A씨의 의견과 B씨의 제안은 설득력이 있었어."
- "매상목표 3천은 달성할 수 있을 것 같지만 이익률 15%는 힘들지도 모르겠군."

모두 2가치 사고의 예인데 이것들은 매우 단순한 형식이지만 의외로 용도가 꽤 다양한 것을 알 수 있다. 따라서 실제로도 편리하다.

이 사고법에는 특별히 어려운 테크닉은 없다. 옵션이나 의견, 아이디어, 데이터 등을 뭐든 상관없이 하나, 둘, 셋…으로 생각해내면 된다. 그냥 그것뿐이다. 이렇게 부담 없는 방법이므로 현실적으로 많은 사람들이 무의식중에 원·투·쓰리 사고를 빈번하게 사용하고 있다.

그러나 그렇게 기본적이면서도 단순한 방법인 까닭에 약간의 결함, 조잡함, 사고법으로서의 한계가 있는 것은 어쩔 수 없다. 그 점을 제대로 이해하고 있지 않으면 실패하고 만다. "선무당이 사람 잡는다"는 말도 있듯이 매우 대중적인 데 비해 의외로 원·투·쓰리 사고를 제대로 잘 사용하는 사람은 많지 않은 것 같다. 따라서 이제부터 더욱 자세하게 이 사고법의 급소를 찾아보기로 하자.

호소력은 강하지만 독선에 빠지기 쉬운 단일 가치 사고

하나의 사항만을 생각하는 단일 가치 사고의 단순명쾌함

우선 단일 가치 사고one option thinking의 본질을 꿰뚫기 위해 우리들의 사고를 단순화하는 방향으로 최대한 거슬러 올라가 보자. 그러다 보면 언어가 만들어지기 이전의 감각, 아른아른한 생각, 형태를 알 수 없는 희미한 이미지에 도달한다.

원·투·쓰리 사고는 언어를 사용해 생각하는 사고법이니까 조금 더 앞으로 감기를 해보자. 그럼 언어를 사용한 가장 단순한 사고란 무엇인가? 그것은 빨갛고 예쁜 꽃을 보고 '꽃', '빨갛다', '예쁘다'고 생각하는 정도의, 단어 수준의 사고다. '먹는다', '본다', '원한다'와 같은 술어적인 사고도 마찬가지다. 그 다음에 위치하는 것은 단순한 문장이다. "이것은 책이다", "나는 ~이다", "비가 내린다", "꽃이 핀다", "하늘을 본다". 여기에 보어(목적어)를 더하면 "나는 책을 읽는다", "그는 도시로 간다", "배가 연기를 내뿜는다" 등이 된다.

여기서 공통적인 것은 어느 쪽이나 단 하나의 사항만을 가리켜 나타내거나 의미하고 있는 생각이라는 점이다. 결국 가장 단순한 사고란 하나의 사항만을 머릿속에 떠올리는 사고법임에 틀림없다.

여기까지 설명하면 단일 가치 사고의 단순함을 잘 알 수 있을 것이다. 이것은 정말 하나의 사항, 가치만으로 이루어진 사고법이기 때문이고, 이 단순함이 좋든 나쁜든 단일 가치 사고의 가장 큰 특색이라고 할 수 있다.

우격다짐 단일 가치 사고의 파워

우리들은 시종 단일 가치 사고적인 발언을 들으며 지낸다. 그 예를 몇 가지 들어보자.

- "오직 행동만 있을 뿐."
- "내가 옳다고 하면 옳은 거야."
- "잠자코 나를 따르기만 하면 돼."
- "기업은 망해도 3대는 간다.(기업은 결코 망하지 않는다)"

이 예를 보더라도 단일 가치 사고의 뛰어난 점이 분명해진다.

첫째, 사고의 내용이 매우 명쾌하고 오해의 여지가 없다. 이것저것이 아니라 하나만을 의도하고 표현하고 전달하기 때문이다.

둘째, 앞의 항과 밀접하게 연결된 것인데 지극히 간결하다.

셋째, 박력이 있다. 그런 의미에서 단일 가치 사고는 자신의 생각에 힘을 싣는 데 매우 유용한 사고다. "좋다고도 나쁘다고도 할 수 없다”는 식의 어투는 우유부단한 인상을 주는 경우가 있지만, 단일 가치 사고에는 그것이 없다. “이것밖에 없어”, “어쨌든 반대야”, “반드시 이겨”와 같은 생각을 하며 말로도 그렇게 나타내는 것이다.

넷째, 위와 같이 단일 가치 사고는 상대에게 강한 인상을 심어 준다. 호소력이 강한 사고법이다.

다섯째, 그 중에서도 특히 독특한 특색으로 단일 가치 사고는 행동적 성격이 강하다. 그것은 자기 자신에게나 주변 사람들에게도 행동을 촉구하고 선동하는 힘을 지니고 있다.

이렇게 단일 가치 사고는 정말 말끔하고 분명해서 기지가 뛰어날 정도다. 상쾌하고 간결한 인상도 준다. 하지만 이런 단순명쾌함 가운데 사고법으로서 결코 간과할 수 없는 몇 가지 약점이 있다. 공평을 기해 단일 가치 사고의 문제점과 한계에 대해서도 잠시 살펴보자.

단일 가치 사고에 지나치게 집착하는 것은 금물

내 나름대로의 분석에 의하면, 단일 가치 사고의 형식은 단순히 A, 혹은 A ＝ A라는 식으로 표현할 수 있다. 그것은 앞에 예를 들었던 “내가 옳다고 하면 옳은 거야”를 보면 더욱 분명하다.

전문용어로는 이것을 동어반복 tautology이라고 하는데 “A이니까 A인 거야”와 같은 생각이 표출되면 정상적인 의사소통은 이루어지기 어렵다. 흔히 대화가 안 된다, 말이 안 통한다고 하는 경우다.

또, 단일 가치 사고에서는 하나의 사항만이 덩그러니 대두되므로 그것만으로 그 생각이 옳은 것인지 그른 것인지 도무지 판단할 길이 없는 경우가 있다. 듣는 쪽에서는 “아아 그렇습니까?”라는 말밖에는 다른 할 말이 없게 되어버린다.

　따라서 단일 가치 사고는 박력이 넘치지만 논리적으로 보면 설득력이 결여되어 있다. 그리고 치명적인 결함은 비교의 관점이나 발상이 완전히 결여되어 있다는 것이다. 그밖에 선택사항이 있다면 비교하면서 자신의 생각을 확장시키거나 수축시킬 수 있는데 단일 가치 사고에는 그것이 없다. 그 때문에 자칫하면 유연성이 결여되고 경직화, 관념화될 우려가 있다.

　예를 들면, 일부 상장기업의 도산이 이어지는 오늘날 마치 "기업은 망해도 3대는 간다"고 믿어 의심치 않고 공언하는 기업관계자들이 적지 않다. 단순한 소망이라면 모르겠지만 솔직한 느낌을 말하라고 한다면 정말 우습게 들린다. 이런 것들이 어울려 단일 가치 사고는 독단적이고 무의미한 사고법이 되기 쉽다.

　조금 지난 이야기지만, 일찍이 "미스터 자이언츠"의 나가시마 시게오長嶋茂雄가 은퇴할 때 "거인군단은 영원히 불멸한다"고 말했는데 이 말은 지금도 유명하다. 그러나 이것이야말로 전형적인 단일 가치 사고라고 하지 않을 수 없다. 그것은 "어떻게 그런 말을 할 수 있지?"라고 반론할 수조차도 없기 때문이다.

　지금까지 단일 가치 사고에 대해 대략 살펴보았다. 단일 가치 사고에는 장점도 있지만 단점도 있다. 그 양면을 충분히 인지해두지 않으면 단일 가치 사고를 잘 활용할 수 없다.

　하물며 단일 가치 사고에만 매달리는 것은 더욱더 금물이다. 그 치명적 결함이나 한계를 살펴 우리들은 2가치 사고나 3가치 사고, 나아가 그밖의 더 많은 사고법을 익혀갈 필요가 있다.

 세상을 지배하는 2가치 사고의 특징과 한계

압도적으로 많은 2가치 사고적 생각

이제 2가치 사고two option thinking로 한 단계 더 나아가보자. 앞의 예에서도 알 수 있듯이 2가치 사고에는 분명히 비교의 관점이 들어간다. 가령 두 개의 아이디어가 잇달아 떠올랐다면 누구라도 그 두 가지를 비교해보려는 마음이 들 것이다. 그리고 좋다고 생각되는 쪽을 선택하거나 양쪽 모두를 수용하려고도 할 것이다.

이렇게 사항을 비교하고 분석해 결론을 내리는 절차를 밟아 행동한다. 그런 것을 가능하게 하는 점에서도 2가치 사고는 단일 가치 사고보다 조금 성숙하고 지적 수준이 높은 사고법이라고 할 수 있다.

현실에서 우리들의 사고 세계를 지배하고 있는 것은 바로 이 2가치 사고다. 우리들은 압도적으로 2가치 사고에 의존해 생각한다. 내 직관적인 견해로는 전 세계의 모든 사람들이 생각하는 사고 총량의 절반 가량이 2가치 사고로 채워져 있으리라 본다.

무의식중에 "2가치 사고"를 해버리는 5가지 이유

그럼 왜 우리들은 압도적으로 2가치 사고에 입각해 생각할까? 이유를 생각해보자.

첫째, 사고법으로서 사용이 매우 용이하다. 예를 들면 'O냐 ×냐', '흑이냐 백이냐', '선이냐 악이냐'처럼 양자택일로 생각하는 방법은 누구나 바로 학습할 수 있고 실천할 수 있는 것들이다.

둘째, 2가치 사고에서는 종종 이성보다 감성이 주도적으로 작용한다. 가령 우리는 무엇을 먹고 "이건 맛있었어", "맛없었어"라고 느낀다. 그런 이분법은 논리가 아니라 감각에 의해 이루어져 매우 강하게 남는다. 당연히 이런 종류의 2가치 사고 역시 지극히 단순명쾌한 성격을 띤다. 미각의 단순함이 사고도 단순화시키는 것이다.

셋째, 일체의 사물을 모름지기 이분화, 이원화하는 분류법은 사용하는 측만이 아니라 상대도 이해하기 쉽고 편리하다. 사고의 형식이나 논리 구조 모두 단일 가치 사고처럼 단순명쾌하기 때문이다. 신과 악마, YES와 NO, 아군과 적군 같은 구분을 떠올려 보면 알 수 있다.

"미국이 아군인가 적군인가?"라는 메시지를 생각해보자. 이것은 전형적인 2가치 사고라는 것을 금방 알 수 있다. 선택의 여지는 둘밖에 없다. 논리학에서는 이것을 배중률排中律(논리학의 근본 원리. 동일한 조건, 동일한 사물에 대해서는 긍정하거나 부정하거나 두 가지 중에 하나여야지 그 중간에 있는 것을 허용하지 않는 원리)이라고 부르는데, '어느 쪽도 아니다'라는 것은 허락되지 않는다. 아군 아니면 적군이다.

넷째, 단일 가치 사고에 비하면 분명히 더 많은 것을 표현할 수 있다. 생각을 두 갈래로 나누는 절차를 반복하면 "2^n"(2의 n승)의 사고를 끌어낼 수 있다. 따라서 2가치 사고만으로 생각의 숫자만큼은 무수히 늘려갈 수 있다.

덧붙여, "요즘 젊은 녀석들은 무기력해", "남자란 모두 그런 거야"라는 생각은 단일 가치 사고처럼 보이지만 사실은 2가치 사고다. 겉으로는 드러나지 않지만 당연히 어른과 여성이 비교대상으로 상정되어 있기 때문이다.

다섯째로, 2가치 사고는 객관성, 논리성을 충분히 갖추고 있는 것처럼 보인다. '인간은 두 종류가 있다', '승자와 패자'와 같은 대조가 그것이다. 정말 쉽게 써먹을 수 있는 2가치 논법으로 즐겨 이용되고 있고 게다가 뭔가 객관적이며 논리적인 느낌까지 든다. 그러나 현실에서 인간을 모두 승자나 패자로 나누는 것은 너무나도 가혹하기 그지없다.

우리들의 심층심리에 자리잡은 2가치적 원리

이와 같은 점을 보면, 우리들 사고법이 대부분 2가치 사고 일색으로 물들어버려도 전혀 이상할 것은 없다. 그것은 2가치 사고가 우리들의 심리 밑바닥까지 깊이 뿌리를 내리고 있기 때문이다. 자세한 설명은 생략하겠지만, 우리 뇌의 생리기구 자체가 실무율悉無律(all or none law. 어떤 종의 기관器官이나 조직·세포 등에서 자극이 약할 경우에는 반응이 일어나지 않지만, 자극이 어느 일정한 수치를 넘으면 언제나 최대의 반응이 일어나고, 자극의 세기에 따라 반응의 크기에 차이가 없다는 것을 나타내는 법칙)이라고 하는 2가치적 원리에 따라 심리적 충격파 impulse 에 의한 "0, 1" 순열로 작동되거나 제어되고 있다는 것이다.

이런 몇 겹의 배경이 있기에 우리들이 머릿속에서 생각할 때는 물론 자신의 생각을 상대방에게 전달하고 또 상대의 생각을 이해할 때에도 무의식중에 2가치 사고의 틀에 의존해버리는 것은 어떤 의미에서 당연하다고 할 수 있을 것이다.

2가치 사고적인 교제를 하다가는 친구를 잃을 수도 있다

2가치 사고는 사고기술이라는 점에서 매우 유효하다. 또 그것은 단일 가치 사고에 비하면 성숙하고 지적 수준도 높다. 그러나 이것은 어디까지나 단일 가치 사고와 비교해 좀 낫다는 것이지 결코 충분히 만족할 만한 수준이라는 얘기는 아니다. 결론부터 말하면 2가치 사고는 나중에 나올 3가치 사고와 비교해도, 더구나 초사고의 수준에서 보면 까마득하게 미숙하고 지적 수준도 낮다. 쉬운 예를 하나 들어보겠다.

내가 아는 사람 중에 이런 사람이 있다. 결코 나쁜 사람은 아니며, 친절하고 사람 좋은 면도 있다. 그러나 안타깝게도 그는 만나는 사람들을 모두 '좋은 사람'이나 '싫은 놈' 중 하나로 나눠버리는 습관이 있다.

자신과 마음이 맞지 않는 상대는 모두 '싫은 놈'인데, 어떤 계기로 친해지거나 하면 곧바로 "그는 사실 좋은 사람이라구"라며 평가가 급변한다. 반대로 아무리 사이가 좋았고 존경하던 상대라도 뭔가 마음에 들지 않는 경우가 있었거나 관계가 삐걱거린 적이 있다면 금방 '싫은 놈'으로 전락시켜버린다. 그 중간이란 게 없다.

물론 그에게도 소수의 마음을 허락한 상대가 있긴 하다. 그 사람들은 그에게 있어 변함없이 '좋은 사람'으로 계속 존재한다. 그러나 그것은 어디까지나 예외이고 사람들은 점차 그의 주변에서 멀어져 간다. 조금 불쌍하단 생각이 들지만, 그는 자신에게는 전혀 문제가 없다고 믿고 있는 것 같다. 상대가 나쁘니 싫어하는 것이라고 간주해버리는 것이다.

아마 여러분 중에는 어째서 그런 식으로 생각하게 되는지 벌써 눈치챈 사람도 있을 것이다. 그의 인간분류법, 2가치 사고로 사람을 인정사정없이 분류해버리는 방식에 근본적인 결함이 있기 때문이다.

(그에게 있어서) '좋은 사람', '싫은 놈'이라는 조잡한 2가치 분류를 개선하지 않는 한, 언제까지나 같은 일이 반복될 것이다. 만약 그에게 한 번 미운털이 박히면 금새 '싫은 놈'이라는 꼬리표가 붙어버린다. 손바닥을 뒤집듯이 태도가 싹 바뀌거나 주변 사람들에게 이런저런 흉을 보고 다니기도 한다. 그러니 상대가 경원시하게 되는 것도 어쩌면 당연한지 모른다.

2가치 사고의 수준에는 한계가 있다

이 경우에서도 엿보이지만, 2가치 사고에 내재된 결함은 전술한 2가치 사고의 장점과 정반대 관계에 있다. 순서대로 살펴보기로 하자.

첫째, 2가치 사고는 쉽게 습득해 사용할 수 있기 때문에 자기도 모르는 사이에 남용될 수 있다. 사용이 쉬운 도구는 반드시 쉽게, 필요 이상으로 이용되기 마련이다. 물은 위에서 아래로 흐르고, 사람은 쉬운 쪽에 붙는다. 여기서 우선, 사고법으로서 바람직하지 않은 지나친 생각이 생겨버리는 것이다.

둘째, 2가치 사고는 받는 쪽에서 이해가 쉬우므로 모든 인간관계의 장, 커뮤니케이션의 장, 업무의 장에서 자주 수용되며 그 자리를 지배한다. 그렇다면 그런 장들에서 교차되는 2가치 사고는 그 수준에 있어서 아직 미비한 점이 많은데도 결국 전체를 지배해버릴 수도 있다는 우려가 생긴다. 결국 2가치 사고로 대부분의 사항이 결정되어 버린다고 생각해보자. 가령 누군가 더 치밀하고 세련된 생각, 깊은 생각을 제안한다 해도 "그런 복잡하고 어려운 말은 하지 마라", "논의를 혼란시킬 셈인가"라는 식으로 치우쳐버리는 것이 2가치 사고의 가장 큰 과실이다.

셋째, 2가치 사고로는 필요충분하게 많은 것을 표현하는 것이 불가능하다. 예를 들어 2차원, 3차원으로 생각을 교차시키는 교차사고cross thinking(제4장 참조)나, ○×사고를 능가하는 통계사고(제6장 참조), 섬세하게 감수성을 자극하는 감성적 사고sensitive thinking(제8장 참조) 같은 것은 고사하고, 2가치 사고의 다음 주자인 3가치 사고에조차 도달할까 말까다.

넷째, 2가치 사고가 갖추고 있는 것처럼 보이는 객관성, 논리성은 아직 충분히 만족할 만한 것은 아니다. 그것은 논리적 사고logical thinking(제5장 참조)와 비교해보면 더욱 확실해진다.

다섯째, 앞에서도 서술했듯이 2가치 사고의 원리는 잠재의식에까지 뿌리내려 있다. 따라서 우리들은 무의식중에 2가치 사고를 끌어다 쓰고 또 그것이 옳다고 믿어버린다. 이것이 가장 해결하기 힘든 문제다.

　요컨대 2가치 사고에는 여러 가지 장점도 있고 활용도 쉽지만, 이 수준에서 멈추거나 만족해서는 안 된다. 2가치 사고의 장점을 살리는 것은 물론 괜찮지만 2가치 사고만 가지고 생각하고 결정하는 것에는 충분히 신중을 기했으면 한다. 2가치 사고에 과도하게 의존하는 것은 위험하기까지 하다. 2가치 사고에 제동을 걸어 그 결함을 극복하는 사고법을 익히는 것에도 최대한 노력할 필요가 있다.

3가치 사고는 초사고로 가는 첫걸음

'3'의 관계는 드라마에 재미를 더해준다

한 단계 나아가 3가치 사고three option thinking로 시선을 돌려보자. 그 전에 '3'이라는 숫자의 재미난 성격에 대해 알고 '3의 역학'을 먼저 파악해두기로 하자.

위·촉·오의 항쟁을 다이내믹하게 그린 중국의 ≪삼국지≫는 일본에서도 매우 인기가 있는데 그 재미는 이 3이라는 숫자와 크게 관련이 있다. 만약 이것이 두 나라의 싸움이었다면, 이야기는 결코 그렇게 많이 확장될 수 없었을 것이다. 3국의 역학, 세 나라의 관계가 얽히면 이야기 전개는 훨씬 다이내믹해지고 흥미진진해진다.

일본의 전국시대, 노부나가信長, 히데요시秀吉, 이에야스家康의 시대 역시 3의 시대였다. 이 경우도 이 3강, 세 걸물이 있었기 때문에 이야기가 재미있는 것이다. 누군가 한 사람이라도 빠져 있다면 우리들에게 친숙한 드라마의 대다수는 만들어질 수 없었을 것이다.

3이라는 숫자의 수수께끼는 형제간을 생각해보면 더 빨리 이해가 된다. 형제가 둘일 때는 이렇게 하면 이렇게 된다는 정해진 패턴이 금방 형성된다. 사이가 좋든 나쁘든 간에 형성되는 관계는 단순하다. 그런데 삼형제인 경우는 어떨 때는 동생편이 되어야 과자가 많이 생긴다든가, 어떨 때는 형에게 잘 보여야 용돈을 더 받는 데 유리하다든가, 각 상황마다 꾀가 생겨난다. 그러고 보면 정치가 성립하는 숫자가 3인 것도 이 때문이 아닐까 싶다.

자주 신문지상을 떠들썩하게 하는 남녀의 삼각관계도 3의 관계라서 흥미롭다. 완전히 고정화된 남과 여의 관계라면 "둘이서 알아서 잘 살아라"라는 말밖에는 나오지 않고 특별히 흥미롭지도 않다. 거기에 또 한 사람이 끼여들어야만 비로소 흥미진진한 드라마가 전개될 수 있는 것이다.

2→3→1로 변천해온 국제 정치의 역학

흑이냐 백이냐, ○냐 ×냐가 아니다. 그 사이에 복잡한 몇 단계의 색이 있고 그것이 항상 유동적으로 서로 끌어당기며 얽혀 있다. 그런 과정에서 복잡하게 뒤섞인 다양하고 역동적인 관계가 생겨난다.

국제 사회로 눈을 돌려보면, 전후 미·소 양극 구조의 시대가 한참 동안 계속되었고, 그 때는 유럽도 일본도 국제적 입장이 매우 약했다. 그런 의미에서는 정말 보잘것없는 시대였다고 생각한다. 뭐든지 미·소가 결정권을 쥐고 있었기 때문이다. 미국이 이기든지 소련이 이기는 관계밖에는 존재하지 않았다. 다른 나라는 그것에 종속되어 결과를 기다릴 뿐이었다. 그 후 비동맹 여러 국가가 생겨나고 미·일·유럽이라는 삼각관계가 형성되거나 중국이 약진하면서 국제 정치는 갑작스럽게 흥미로워졌다.

그러나 소련, 동유럽의 사회주의 체제가 붕괴되고 현재는 미국이 유일한 헤게모니 국가로 군림하고 있다는 느낌이 든다. 숫자로 말하면 2의 세계가 일단은 3의 세계로 이행한 뒤, 이번에는 1의 세계로 후퇴해가고 있다는 인상까지 받는다. 이른바 미국 편무주의(American unilateralism : 강력한 미국을 신봉하여 동맹국과의 단결이나 협조에 노력하지 않고 오히려 동조를 강요하려는 경향)라고 할 수 있다. 역학적으로 봐도 형편없는 것이 허다하다.

3의 역학에 의해 사고는 비약적으로 도약한다

3이 2에 비해 질적, 극적으로 다르다는 것을 알기 쉬운 이미지로 이해하려면, 두 점을 연결한 직선과 세 점으로 이루어진 삼각형을 비교해보면 된다.

이는 2에 1을 더하면 3이 된다거나 3과 2의 차이는 단 하나라고 하는 정도로 간단히 말해버릴 일이 아니다. 2와 3 사이에는 그야말로 다른 차원이라고 해도 좋을 차이가 존재한다. 납작한 면적도형과 주사위, 냉장고 같은 입방체 사이에는 절대적인 차이가 있다. 그것은 2차원 공간과 3차원 공간의 차이다. 우리들이 살고 있는 곳은 3차원 공간이다. 그 점에서도 3의 역학이 현실적으로 매우 큰 의미를 갖는다.

계속해서 3의 역학의 응용으로 4의 역학에 대해서도 간단히 언급해볼까 한다. 직관적인 이미지로 나타내면 삼각형에 대한 사각형이다. 사각형은 반드시 두 개의 삼각형으로 분할할 수 있다. 결국 사각형은 삼각형을 포함하고 있고 삼각형에 의해 구성되어 있다.

그러므로 4의 역학도 3의 역학의 연장선상에 있다는 것을 쉽게 유추할 수 있다. 마찬가지로 5, 6, 7, … 가운데에도 항상 3은 내재한다.

여기서 다시 사고의 문제로 돌아가자. 지금부터 살펴볼 3가치 사고는 3차원 사고이고 원·투·쓰리 사고의 hop→step→jump 중 jump에 해당한다. 게다가 그것은 비약적인 점프라고 해도 좋다.

그런 까닭에 3가치 사고는 초사고의 첫걸음이라고 할 수 있다. 여러분도 이 사고법을 반드시 마스터해 자유자재로 사용할 수 있어야 한다.

○나 × 이외의 옵션을 생각해보자

3가치 사고에 대해 구체적인 예를 들어 설명해보자.

우리는 일상생활에서도 ○냐 ×냐 식으로 양자택일을 요구당하는 경우가 의외로 많다. 그때 "잠깐만. 정말 ○나 ×밖에 없는 걸까? △는 없는 거야?"라고 생각해본다.

이런 사고방식이 가능하다면 이것은 훌륭한 3가치 사고다. ○나 ×로밖에 생각할 수 없는 상태에 비해 사고의 질은 단숨에 비약적으로 점프한다. 사고의 가치가 2에서 3으로 하나만큼 늘어났다는 양적인 문제가 아니다.

실천적인 충고를 하나 덧붙이면, 사람이 2가치 사고를 하고 있을 때 의식적으로 그것을 3가치 사고로 전환할 수 없는지를 생각해봐야 한다. 그렇게 하는 것만으로도 사물을 보는 방식, 생각하는 법에 상당히 탄력이 생긴다. 또 상대의 협소한 논리나 그릇된 사고방식에 질질 끌려 다니는 일도 없어진다.

가령 자신이 회의에서 제안하려고 하는 안건에 다른 구성원들이 찬성할지 반대할지 고민되는 상황을 설정해보자. 이 경우, 구성원 한 사람 한 사람에 대해 누구는 찬성하고 누구는 반대할 거라는 식으로 한결같이 양자택일로 생각해 나간다면 이것은 전형적인 2가치 사고다.

이것에 대해 3가치 사고(나아가 다가치 사고)라면 더욱 섬세한 견해를 생각해 보거나 옵션을 더 늘려나갈 수 있다. 그 몇 가지 예를 들어보면,

- "A씨는 절충안을 낼 거야."
- "B씨는 총론엔 찬성, 각론엔 반대인가?"
- "C씨는 다수의견을 따를 가능성이 있어."
- "D씨는 판단을 보류할지도…"

이렇게 단순찬성, 단순반대 외에 여러 가지 경우를 상정해 볼 수 있는 것이다. 단순한 이분법보다 훨씬 유연하고 유효한 사고법이라는 것을 알 수 있다.

3가치 사고에 빼놓을 수 없는 분류의 노하우

3가치 사고에는 몇 가지 매우 유효한 사고 노하우가 포함되어 있다. 그것이 작용하므로 3가치 사고를 하면 자연히 좋은 생각이 나오는 것이다. 그럼 3가치 사고의 매력적인 사고 노하우를 순서대로 살펴보기로 하자.

첫째는, 분류의 노하우다. 2가치 사고 항목에서도 분류라는 말

이 한 번 나왔지만 옵션이 A와 B 두 개뿐일 때는 실질적으로 분류의 요구는 그다지 주어지지 않는다. 기껏해야 A와 B로 나누는 정도로 만족해야 하니까.

실제로 분류라는 노하우가 커다란 의미를 가져다주는 것은 3가치 사고부터다. 가치가 세 가지 있을 때는 그것을 어떻게 분류하는지가 하나의 포인트가 된다. 게다가 순서도 관계된다. 어떻게 순서를 배열하고 어떻게 분류할까. 효율적으로 분류할 수 있다면 그만큼 생각이 교통정리되어 말끔하게 체계가 잡힌다. 또 분류의 방법에 따라 사고의 질이나 생산성도 오르는 것이다.

가치나 옵션, 아이디어의 숫자가 더 많아지면 많아질수록 분류요구는 한층 더 높아진다. 만약 데이터가 열 개, 스무 개 있을 때는 분류라는 노하우를 사용하지 않고서는 생각을 또박또박 정리하거나 활용하는 것이 거의 불가능할 것이다.

생물학자 나카오사스케中尾佐助는 분류를 인간의 가장 지적인 사고기술이라고 했다. 가장 지적인지 아닌지는 별도로 하고 그것이 지극히 중요한 노하우라는 것만은 틀림없다고 생각한다.

위력을 발휘하는 분석, 판단, 조정·통합

둘째, 3가치 사고에서는 분석이라는 사고활동이 활발히 전개된다. 분석은 다양한 노하우를 포함한 생산성 높은 이성적인 사고활동이다. 분류도 사실은 분석의 일환을 이루는 노하우다.

자세한 설명은 생략하고, 분석에는 다음에 제시한 14가지의 작용이 있다. 따라서 분석은 사고, 초사고에 빼놓을 수 없는 것이며 분

■**그림 6** 분석의 14가지 작용

분

- ⋯**1** 나눈다 · 분류한다.
- ⋯**2** 계층별로 나눈다.
- ⋯**3** 비교해 공통점이나 차이점을 부각시킨다.
- ⋯**4** 실증한다 · 확실한 증거를 잡는다 · 객관화한다.
- ⋯**5** 사물의 특징이나 변화를 파악한다.
- ⋯**6** 분해한다 · 단위로 환원한다.
- ⋯**7** 요소 · 항목 · 데이터의 상호관계, 영향관계를 명확히 한다.
- ⋯**8** 법칙이나 원리를 끌어낸다.
- ⋯**9** 본질을 꿰뚫는다.
- ⋯**10** 무게를 싣는다.
- ⋯**11** 애매한 사항 중에서 문제점을 명확히 한다.
- ⋯**12** 원인을 찾아낸다.
- ⋯**13** 인과관계를 분명히 한다.
- ⋯**14** 집약한다.

석

석 역시 3가치 사고에서부터 출발한다는 점에 반드시 주목했으면 한다.

셋째는, 판단이라는 노하우다. 이것도 3가치 사고에 있어서 특히 그 위력을 발휘한다. '3의 역학'의 항목에서 예로 든 삼형제의 경우를 다시 한 번 떠올려보자. 과자를 많이 얻으려면 어느 쪽에 붙는 것이 유리할지 자기 나름대로 지혜를 짜낸다. 이것은 정말 판단의 문제인 것이다. 판단과 관련해 평가라는 노하우도 있는데 이 노하우에 대해서는 이 장의 끝에 있는 칼럼에서 자세히 설명하기로 하자.

넷째, 조정 · 통합이라는 노하우가 있다. 세 가지의 가치를 토대로 종종 그들을 통합해내야 할 필요성이 생긴다. 3가치 사고에서는 그 요구도 이제까지 보아왔던 사정과 마찬가지로 2가치 사고에 비해 현격하게 높아진다.

제각각 흩어져있는 사고의 아이템, 옵션과 어떻게 타협을 해 좀 더 나은 최상의 생각으로 다듬어나갈까? 그것을 위해 효과적으로 조정하고 통합하도록 두뇌를 가동시키는 습관이 생긴다. 이렇게 해서 2가치 사고에서는 기대할 수 없는 풍부하고 뛰어난 지혜가 생겨난다.

3가치 사고에서 다가치 사고로

전술한 대로 3가치 사고는 단일 가치 사고, 2가치 사고의 연장선상에 있으면서도 그것들과는 다른 질적인 비약이 있다.

3가치 사고는 현저하게 풍부한 가능성, 발전성이 내재된 사고법이다. 세 개의 가치를 생각하고 세 가지 옵션을 내세우는 세련된 노하우가 3의 역학에 의해 복잡다양한 지혜와 아이디어를 이끌어낸다. 3의 역학을 더 예리하게 다듬어낸 것으로 소위 변증법이라고 불리는 사고법도 있다.

한편 양적으로는 3가치 사고의 연장선상에 4가치 사고, 5가치 사고, 6가치 사고, … 를 얼마든지 전개해 나가는 것이 원리적으로는 가능하다. 왜냐하면 전술한 대로 그들은 결국 3가치 사고로 환원, 분해할 수 있기 때문이다.

3가치 사고에서 4가치 사고, 5가치 사고, 6가치 사고, …로 계속되는 사고법의 계열을 다가치 사고multiful option thinking라고 총칭하기로 하자. 이 다가치 사고는 모두 3가치 사고를 응용한 것이다. 앞에 설명한 네 가지 사고 노하우는 4가치 사고 이상의 다가치 사고에도 모두 공통된다.

따라서 3가치 사고의 방법론을 마스터하고 있으면 역시 그 방법론의 연장선상에서 다가치 사고도 충분히 공략가능하다. 그런 의미에서도 우리들은 3가치 사고를 정복해 자기 것으로 하는 것이 무엇보다 필요한 것이다.

평가의 기준은 세 개로 충분

사항의 좋고 나쁨, 우열 등을 판단, 평가하거나 순위를 매기는 사고법을 나는 평가사고라고 부른다.

- 테스트의 답안에 시험관이 점수를 매긴다.
- 인사고과에서 상사가 부하의 업무 태도를 심사한다.
- '전국노래자랑'에서 심사위원이 종을 울린다.

이런 경우 시험관, 상사, 심사위원은 머릿속으로 반드시 이 사고법을 준비해놓고 있다. 우리들도 일상생활에서 빈번하게 평가사고를 적용하고 있다는 것을 짐작할 수 있다. 이런 의미에서는 매우 중요한 사고법의 하나라고 할 수 있다.

실제 평가의 방법은 다양하게 있지만 거기서도 이번 테마인 원·투·쓰리 사고, 즉 개방적 사고open thinking가 사용되고 있다.

가장 간단한 평가는 ○×평가인데 이것은 2가치 사고다. '상·중·하', '좋음·보통·나쁨'이라는 3단계 평가에서는 3가치 사고가 이용되고 있다. 마찬가지로 '좋다·조금 좋다·보통·조금 나쁘다·나쁘다'의 5단계 평가는 5가치 사고다.

이런 것을 염두에 두고 매우 실천적인 평가의 룰을 예로 들어보겠다. 그것은 3단계 사고(3가치 사고)를 평가의 중심, 주역으로 앉히는 룰이다. 더 정확히 말하면 3단계 사고만큼은 언제든지 완벽하게 사용하도록 해두면 좋겠다. 그것이라면 매우 간단하면서 평가의 질도 낮지 않다. 평가가 필요하다고 여겨지는 경우 중 80~90%는 3단계 평가 하나로 해결될 수 있다.

간단하다는 것은 평가척도를 설정하기 쉽다는 의미다. 가령 10단계 평가와 비교해 보면 잘 알 수 있다. 업무의 성과를 10단계로 평가한다고 가정해 보자. 그만큼 치밀하고 섬세하게 평가할 수 있겠지만 과연 머릿속에서 업무의 성과 기준을 10개의 랭크로 나눠 성과가 그 중 어디에 해당하는지를 찾아 딱 들어맞게 적용하는 곡예가 가능할까? 불가능하다고는 할 수 없겠지만 결코 쉽지 않은 일인 것만은 분명하다.

만약 3단계 평가라면 옵션은 '만족·보통·불만족'의 세 가지로도 충분하다. 업무의 성과를 이렇게 세 가지로 분류해 평가하는 정도는 누구라도 가능하다. 그것이 3단계 평가의 커다란 장점이다.

게다가 3단계 평가의 질은 결코 낮지 않다. 왜냐하면 그 배후에 3가치 사고가 깔려 있으므로 지적 수준에서도 3가치 사고가 2가치 사고보다 훨씬 우위에 있는 것처럼 3단계 평가는 O×식의 2단계 평가보다 훨씬 수준이 높다.

이러한 유효성이 있기 때문에 현실적으로도 3단계 평가가 가장 자주 사용되고 있다.

제4장

복잡한 문제를 빠짐없이 분석
할 수 있는 교차사고

응용범위가 넓은 교차사고

교차사고란 무엇인가

이번 장에서는 사고의 차원을 변화시켜 다양하게 생각하는 것을 가능하게 하는 중요한 사고법을 소개하려고 한다. 바로 교차사고 cross thinking다.

세상에는 자신에게 관대한 사람도 있지만 자신에게 가혹한 사람도 있다. 또 타인에 대해서도 관대한 사람, 가혹한 사람도 있다. 이것을 '관대한가, 가혹한가', '자기 대상인가, 타인 대상인가' 하는 두 쌍의 척도를 연관시켜 생각함으로써 자신 혹은 타인에게 '관대하다', '가혹하다'는 태도를 취하는 인간형을 종합적으로 빠짐없이 다 끌어내어 그림 7과 같이 ①~④의 네 가지로 도표화해볼 수 있다. 이렇게 복수의 척도를 세워 생각을 확장하거나 깊이 있게 하는 사고법을 교차사고라고 부른다.

	타인에게 관대하다	타인에게 엄격하다
자신에게 관대하다	① 자신에게도 　타인에게도 관대하다	③ 자신에게 관대하고 　타인에게는 엄격하다
자신에게 엄격하다	② 자신에게 엄격하고 　타인에게는 관대하다	④ 자신에게도 　타인에게도 엄격하다

이 예는 '관대하다, 가혹하다', '자기 대상이다, 타인 대상이다'라고 하는 두 가지 차원 각각에 두 개의 사고가 있어 양자를 교차시켜 ①~④의 사고를 도출해낸다. 가장 간결한 2차원 형식의 2×2형 교차사고two cross two thinking다.

그러나 간결하다고는 해도 앞장의 원·투·쓰리 사고와 비교하면 분명히 차원이 다르고 보다 더 확장되어 있다. 직관적인 이미지로는 선과 면적 정도의 차이라고 할 수 있겠다(물론 원·투·쓰리 사고가 선, 교차사고가 면적이다).

교차사고에 의해 보이는 것

이차원의 확장이라는 사고 노하우에 의해 사고의 질이 향상되어 사고 내용도 풍부해지는 것이 쉽게 밝혀진다.

만약 얼핏 보기에 A씨가 스스로에게 관대하다고 생각했다 해도 그가 과연 타인에게도 관대한지 아닌지에 대한 생각은 대부분 포함되어 있지 않은데, 교차사고에 의해 비로소 A씨가 타인에게도 관대했다거나 반대로 타인에 대해서는 엄격했다거나 하는 것에까지 생각이 미치게 된다.

　요컨대 그는 안하무인이라든가 자기본위의 사람이라는 식으로 A씨의 성격이나 인간 됨됨이를 파악할 수 있다. 또 사고의 내용을 보다 풍부하게 살찌워 부풀릴 수 있다.

　다른 한편으로 교차사고에는 강력한 분석력도 있다. 따라서 여태까지는 불분명하던 상대의 이미지가 확실해지고 그 인간성의 파악도 수월해진다.

누구나 무의식중에 사용하고 있는 2X2형 교차 사고

　교차사고의 가장 큰 특징은 직선 같은 1차원이 아니라 차원을 둘, 셋 늘려 생각하는 것, 또 복수의 차원을 서로 교차시켜 생각을 확장하거나 깊게 하는 것이다. 이렇게 이해해두는 것만으로도 여러분은 이제 언제 어디서든 교차사고를 실행할 수 있다.

　앞의 예 같은 2차원 형식의 교차사고 중에서 우리에게 가장 친숙한 것은 월일과 요일을 서로 겹쳐서 생각하는 것이다.

　아마 누구나 습관적으로 "그 일의 마감이 2월 4일, 금요일이었지"라고 생각한 적이 있을 것이다. 이것도 훌륭한 2차원 형식의 교차사고다. 월일과 요일은 차원이 다르지만 양자를 연결지음으로써 사고의 강도가 증대된다.

　'2월 4일'이라는 월일만으로는 아무래도 약한 감이 있다. 그렇다고 '금요일'이라는 요일만으로도 막연하다. 하지만 '2월 4일 금요일'이라고 생각해두면 2차원의 연합효과 때문에 매우 뚜렷하게 머릿속에 남으므로 중요한 일의 납기를 잊을 염려는 없어지는 것 같다.

이렇게 우리들은 이미 일상생활 속에서 교차사고를 실천하고 있다. 중요한 것은 이 사실을 깨닫는 것이다. 완전히 자각할 수 있다면, 무의식중에 하는 것보다 훨씬 효율성을 제대로 인식할 수 있고 필요한 장면에서 교차사고를 끄집어내 목표한 성과를 올릴 수 있기 때문이다.

예컨대 우리들은 초등학교에서 구구단을 외워야 하는데 사실은 이 암기과정에서도 2차원 형식의 교차사고가 이용되고 있다(단, '가로×세로'가 같은 차원의 수와 수가 된다. 다른 차원이 아닌 동일 형식의 교차사고다).

비즈니스의 의사결정에서 빼놓을 수 없는 사고법

비즈니스의 세계에서는 교차사고가 요구되는 경우가 아주 많다. 다음의 예를 보자.

사업가가 어떤 고액상품의 판매계획을 세우고 있다. 문제는 '판매수량과 가격을 어떻게 설정하는가'이다. 여기서 그는 다음과 같이 생각했다.

■그림 8 2×3형 사고two cross three thinking의 예

수량안＼가격안	4억	5억	6억
5	20억	25억	30억 결정
7	28억	35억	42억

① 우선 공급 가능한 수량안을 2개, 가격안을 3개로 좁힌다.

② 그것을 조합해 모든 경우의 매상고를 계산한다.

③ 그리고 그 중에서 가장 현실적이고 수지도 맞는 안을 선택한다.

설정 조건은 수량안이 5나 7의 두 가지, 가격안은 4억, 5억, 6억의 세 가지다. 이것을 조합시키면 매상고는 위의 표처럼 된다. 이 6쌍의 숫자 중에서 최적이라고 생각되는 조합(가령 5×6억=30억)을 선택해 최종 결정한다.

이런 과정으로 생각해 나가는 것이 바로 교차사고다. 이 경우를 보아도 알 수 있듯이 교차사고는 곱셈적 사고법이다. 그만큼 조합법은 복잡해지는데도 빈틈없이 치밀하게 생각할 수 있다.

이때 반드시 머리에 넣어두었으면 하는 것은 수량과 가격이 차원과 성질이 다른 사항이며 척도라는 점이다(양자는 치환이 불가능하다). 그러므로 교차사고는 원칙적으로는 차원이나 성질이 다른 복수의 사항에 대해 서로 생각해 결론이나 답을 얻어나가는 사고법이라는 것을 알 수 있다. 물론 이것은 수량, 가격에 국한하지 않고 어떤 사항에도 적용할 수 있다. 거꾸로 말하면 이런 경우에는 교차사고를 빼놓을 수 없다는 것이다.

일목요연! 교차사고에는 도표화 노하우가 유효하다

앞 항에서 서술했던 것은 2×3형 사고의 예다. 따라서 당연히 6개의 사고가 나온다. 이 정도면 충분히 생각을 진행시켜나갈 수 있을 것이다.

그러나 이 조합이 더 복잡해지면 정확하게 생각하기가 꽤 어려워진다. 교차사고는 면적적 사고(2차원의 경우), 곱셈적 사고여서 조합의 수가 배수적으로 늘어나기 때문이다.

그런 점을 감안하여 실천적인 충고를 하나 하고 싶다. 교차사고에서는 도표를 병용하면서 생각하면 좋다. 아무리 혼란스러운 경우라도 이 도표화의 노하우를 적용하면 일단 곤란을 겪는 일은 없을 것이다.

리그전 제비뽑기 형식으로 행해지는 스포츠 종목의 승패표 같은 것은 가장 대표적인 교차사고의 도표다. 다음 표는 그 일례로, 2002년 프로야구 센트럴리그central league 공식전의 대전 성적표다.

이 작은 한 장의 표로 센트럴리그 여섯 팀의 대전 상대별 승패내역이 한눈에 들어와 매우 편리하다.

이래서 교차사고가 치밀하고 체계적인 사고법임과 동시에 매우 말끔한 구조, 형식을 갖고 있다고 할 수 있다. 또 이미지의 형태로서

■그림 9 2002년 센트럴리그 대전 성적표

	자이언츠	야쿠르트	주니치	한 신	히로시마	요코하마
자이언츠	×	18-10	16-12	15-12[1]	16-11[1]	21-7
야쿠르트	10-18	×	16-11[1]	17-11	14-12[2]	17-10[1]
주니치	12-16	11-16[1]	×	15-11[2]	14-14	17-9[2]
한 신	12-15[1]	11-17	11-15[2]	×	15-13	17-10[1]
히로시마	11-16[1]	12-14[2]	14-14	13-15	×	14-13[1]
요코하마	7-21	10-17[1]	9-17[2]	10-17[1]	13-14[1]	×

*앞의 숫자가 승수. 뒤의 숫자는 패수. [1][2]는 무승부수.

직관적으로 머리에 새겨 넣기 쉽고, 이해, 표현, 전달도 용이하므로 유용한 것이다.

2차원 형식의 교차사고는 옵션의 수가 늘어나더라도 기본적으로 단순하고 비교적 쉽게 생각할 수 있다. 위의 대전 성적표는 6×6 사고의 경우이면서 36개의 대량 사고(가치)를 포함하고 있는데, 도식과 틀을 머릿속에 두고 생각하면 결코 난해하지 않다. 일반적으로는 이것을 m×n 사고라고 표현할 수 있다.

교차사고로 대인관계의 지존이 되자

상대 / 자신	ⓒ 상대가 싫어하는 것을 하지 않는다	ⓔ 상대가 기뻐하는 것을 한다
⊙ 스스로 싫은 것을 하지 않는다	① 스스로 싫은 것을 하지 않음과 동시에, 상대가 싫어하는 것도 하지 않는다.	③ 자신이 스스로 싫은 것을 하지 않고, 또 상대가 기뻐하는 것을 한다.
ⓛ 스스로 기쁜 것을 한다	② 스스로 기쁜 것을 함과 동시에, 상대가 싫어하는 것을 하지 않는다.	④ 자신이 스스로 기쁜 것을 하고, 또 상대가 기뻐하는 것을 한다.

교차사고 중에서도 가장 단순한 2×2 사고를 이용해 인간관계를 원활하게 이끌거나 개선하는 데 도움이 되는 지혜를 끌어내보자.

2×2의 한 조는 '⊙ 스스로 싫은 것을 하지 않는다'와 'ⓛ 스스로 기쁜 것을 한다'가 짝이고 또 다른 조는 'ⓒ 상대가 싫어하는 것을 하지 않는다'

와 '② 상대가 기뻐하는 것을 한다'가 짝이 되도록 설정한다.

위 표에 나와 있는 것은 모든 인간관계에 있어서 자신이 타인에 대해 취해야 할 기본적인 태도다. 이상 2조 두 개씩의 사고를 교차시키면 ①~④의 답 (취해야 할 태도)을 얻을 수 있다(앞 그림).

출발점이 되는 ⊙ⓒⓒ②은 하나씩 단독으로 놓고 보더라도 매우 바람직하고 뛰어난 사고다. 그러나 현실의 인간관계는 상상하는 것 이상으로 어렵다. 그것은 모든 인간관계가 항상 자신과는 다른 인간을 상대로 하는 관계이기 때문이다.

여러분이 만약 'ⓒ 스스로 기쁜 것을 한다'를 대인관계의 지표로 삼고 있다고 하자. 이것에는 무엇 하나 이상한 점은 없다. 자신의 기분에 솔직한 플러스 사고의 룰이다. 그리고 여러분은 이 룰에 따라 상대를 대할 것이다. 그때 여러분 안에는 선의밖에 없다. 상대를 위해 좋겠거니 생각해서 최대한 성실하게 행동한다. 실제로 대다수의 사람들도 당신의 기분을 그대로 받아들이고 당신을 좋아할 것이다. 때로 그것은 여러분이 생각했던 것 이상의 것일지도 모른다. 하지만 항상 그렇게만 된다고는 단정할 수 없다. 여러분의 성의나 선의에도 불구하고 상대는 그것을 선의의 강요처럼 느끼고 강한 거부반응을 나타낼지도 모르는 일이다.

그러한 어긋남을 막기 위해 교차사고를 적용할 필요가 있다. 자신의 기분에 충실한 모토도 중요하지만 상대의 입장이 되어 상대를 살피는 것도 그에 뒤지지 않는 중요한 점이기 때문이다.

별도로 표시한 ①~④의 4가지 태도는 최강의 인간관계 노하우라고 해도 좋다. 이것을 아울러 갖추어 두면 단추를 잘못 끼우는 것을 막고 어떤 상대하고든 유쾌하게 사귈 수 있다. 모든 상대로부터 호감받는, 적어도 혐오받지 않는 경이의 노하우다.

② 보다 고차원적인 교차사고로

3차원 형식의 교차사고로 사고는 보다 치밀해진다

여기까지 2차원 형식의 교차사고를 다뤄봤는데, 이것을 더 발전, 확장시켜보자. 3차원 형식의 교차사고란 어떤 사고법일까? 이는 2차원 형식의 교차사고로 쉽게 유추할 수 있는데, 앞의 수량×가격의 경우를 예로 든다면, 이것에 마진이라든가 비용, 이익률 등 차원을 하나 더 덧붙여 생각할 수 있다.

2차원 형식의 교차사고가 면적의 차원이라고 한다면, 3차원 형식의 교차사고는 입체의 차원이다. 그 때문에 어쩌면 한층 복잡하게 느껴질 수 있으나 사고의 내용은 보다 풍부하고 치밀해진다.

실제로 3차원 형식의 교차사고를 하지 않으면 안 될 때가 종종 있다. 디자이너나 도면을 그리는 설계사는 일의 성격상 당연히 3차원 형식의 교차사고를 할 수밖에 없다.

나도 한때 잠깐 동안 제도 공부를 한 적이 있는데, 입체, 즉 3차원의 물체를 정면도, 측면도, 평면도로 그리는 과제와 반대로 정면도, 평면도에서 입체를 재현하는 과제를 질리도록 했다. 이런 절차를 거쳐 머릿속에서 3차원의 사물을 분해, 전개하거나 자유롭게 구축할 수 있게 된다. 디자이너나 설계사는 정말 그 세계의 전문가다. 하지만 그들에게만 한정된 것은 아니다. 누구나 현실에서 자기도 모르는 사이에 이 사고법을 이용하고 있고, 이것이 익숙해지면 머릿속에서 세 개의 차원을 교차시킨 다양한 그림들도 어렵잖게 그려낼 수 있게 된다.

다시 말하면 원리적으로는 교차사고를 무한하게 발전, 고도화시켜 나가는 것이 가능하다. 초차원의 교차사고도 꼭 불가능하다고만은 할 수 없다. 그 정도로 교차사고는 활용 범위도 넓고, 사고의 깊이라는 점에서도 충분히 합격점을 넘는 훌륭한 사고법이다.

3차원의 도표화도 마스터하자

3차원의 경우도 도표는 역시 유효하다. 그보다 사고의 조합방식이 점점 복잡해져가므로 도표는 더욱더 불가결한 사고의 도구가 된다.

보통 사람의 사고로는 3차원의 도표화는 지극히 곤란한 것처럼 여겨지지만 그런 일은 없다. 회화나 설계도에 원근법이나 제도법이 있는 것과 마찬가지로 머리가 잘 움직이도록 하면 노하우는 얼마든지 나오게 되어 있다. 컴퓨터라면 3차원 CAD라는 편리한 소프트웨어를 사용할 수 있다.

여하튼 3차원 형식의 교차사고를 마스터하는 데 있어서는 사고의 내용을 3차원으로 이미지화하는 노하우, 도표화하는 노하우를 익

■그림 10 3차원 형식의 교차사고의 예

가격 / 이익률 / 수량	4억			5억			6억		
	2%	4%	6%	2%	4%	6%	2%	4%	6%
5	20억			25억			30억		
	0.40	0.80	1.20	0.50	1.00	1.50	0.60	1.20	1.80
7	28억			35억			42억		
	0.56	1.12	1.68	0.70	1.40	2.10	0.84	1.68	2.52

히는 것이 절대 비결이라고 할 수 있다. 이것을 잊지 말고 꼭 기억해 두도록 하자.

전술한 수량×가격의 경우를 다시 한 번 떠올려보자. 이것에 이익률이라는 차원을 하나 더하면 위의 표처럼 나타낼 수 있다. 이 경우는 2×3×3 사고에 해당한다.

주식란은 교차사고의 산물

위의 표시법은 비교적 정통적인orthodox 것이지만 3차원 사고 표시 방법은 그밖에도 여러 가지가 있다.

일례로, 주식을 하는 사람이라면 잘 아는 신문의 주식란. 이것은 ① 업종 ② 거래하는 유가증권이나 상품 이름(상장기업명) ③ 시작가, 고가(비싼 시세), 염가(싼 시세), 종가(마지막 시세), 이전대비가(비교시세), 거래총량으로 이루어진 거래내용, 이렇게 세 가지 차원을

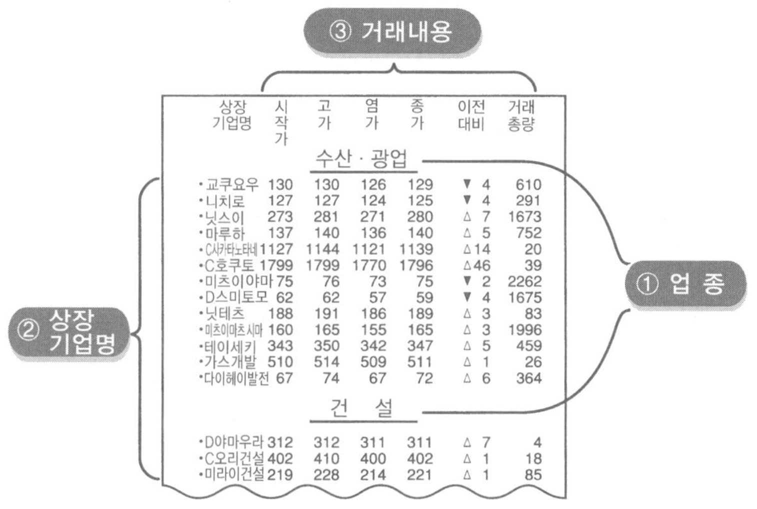

모두 표시한 교차사고의 산물이다. 앞의 예와는 표시 방법이 전혀 다르지만 본질적으로는 같은 3차원 구조라고 볼 수 있다(별도란으로 되어 있는 도쿄증권東証 주식 제1부와 제2부의 구분도 고려한다면 주식란 전체는 4차원의 정보, 데이터를 한꺼번에 표시하고 있다고 할 수 있다).

　　도쿄증권주식 제1부의 주식란에 게재된 상장기업명(기업)의 총수는 1515(2003년 4월 30일 현재), 업종분류 수는 28, 그리고 거래 내용은 시작가 ～ 거래총량의 6항목으로 되어 있다. 결국 이것은 1515× 28×6의 교차사고가 된다. 단순한 곱셈으로는 어렵지만 값은 9118. 간결한 지면에 가지런히 놓여진 정보, 데이터의 방대함에 새삼스레 놀란다.

　　과연 인간 혼자서는 여기까지 생각하는 것은 불가능하다. 컴퓨

터의 도움이 필요하다. 그러나 이 예도 3차원 형식의 교차사고가 수
용하는 사고 내용의 풍부함을 반대로 우리들에게 가르쳐주는 것이다.

차원의 열과 조합시키는 법

지금까지 설명한 것처럼, 교차사고는 대다수의 경우 서로 다른
차원의 사고를 교차시킴으로써 사고의 내용을 풍부하게 하고 또 사고
의 질을 높이는 사고법이다. 따라서 평소에 사물을 여러 차원으로 나
눠 생각하는 것, 또 여러 가지 차원에서 생각하는 습관을 들이는 것이
무엇보다 중요하다고 할 수 있다.

차원에는 수를 헤아릴 수 없을 정도로 많은 것이 있다. 따라서
일일이 다 열거하는 것은 무리고 그럴 의미도 없지만 무작위로 적당
하게 나열해 보겠다. 차원의 대략적 이미지와 의미를 이해할 수만 있
다면 그것으로 충분하다.

수량, 금액, 사람 수, 가격, 업종, 품종, 제품, 상표(브랜드), 거
리, 나라, 지방, 지도, 집단, 팀, 세대, 성(남성, 여성), 직업, 수입, 지
출, 자본금, 시간(연, 월, 일, …), 득점, 기록, 승패, 계층, …

이 중에서도 시간(연, 월, 일, …)과 같은 것은 상당히 사용빈도
가 높은 중요한 차원의 것이다. 연간 수입, 지출이라는 한 쌍의 차원
을 예로 그 내용을 평가하는 경우를 상정해보자.

물론 그것만으로도 정확히 분석해 나갈 수만 있다면 문제점이
나 개선점을 분명히 하거나 전체의 경향, 시비도 판단할 수 있다. 그
러나 단순히 해당 연도 분석에 그치지 않고 전년도, 전전년도의 숫자
도 병기해 비교 분석하면 한층 더 자세하고 예리하게 생각할 수 있다.

이런 사고법은 일반적으로 시계열時系列분석이라고 불리는데 이는 그야말로 시간이라는 차원을 교차시킨 교차사고다.

이렇게 시간이라는 차원이 중요한 것은 분명하지만 항상 필수적인 것은 아니다. 시간의 차원이 전혀 필요하지 않은 경우도 얼마든지 있다. 요컨대 교차사고에서 어떤 차원이 필요해지는지는 경우에 따르는 수밖에 없다고 할 수 있다.

교차사고의 걸작
─스모협회가 주관하는 씨름대회의 성취표

스모협회의 씨름대회 성취표에 크게 신경 쓰지도 않고 별 관심이 없는 사람도 많을지 모른다. 그러나 이것은 형식이 매우 독특할 뿐 아니라 교차사고의 도표화 노하우로서도 정말 지혜가 풍부한 다차원 표시의 걸작이라고 해도 좋다.

그럼 차원의 수를 살펴보자.

① 동서로 구분된 차원
② 요코즈나(최상급 씨름꾼)에서 마쿠지리(최하위 씨름꾼)까지 순서가 매겨진 선수명力士名의 차원
③ 대전 상대와의 대전 결과, 출장인지 휴장인지를 포함한 대전 내용의 차원
④ 마쿠우치幕內(씨름의 계급)의 우승자, 특별상(장외공연, 기술, 투혼의 세 가지 부문) 수상자, 10량 이하 서열까지의 각 우승자의 이름, 성적의 차원

이와 같이 차원의 수는 네 가지다. 선수力士 이름의 오른쪽 가로로 쓰여진 15일간의 통산성적도 다른 차원으로 꼽는다면 5차원이다.

이렇게 스모대회의 성취표는 지혜를 짜내면 다차원의 사고를 한꺼번에 알기 쉽게 나타낼 수 있다는 것을 보여주는 더할 나위 없는 좋은 견본이라고 할 수 있다.

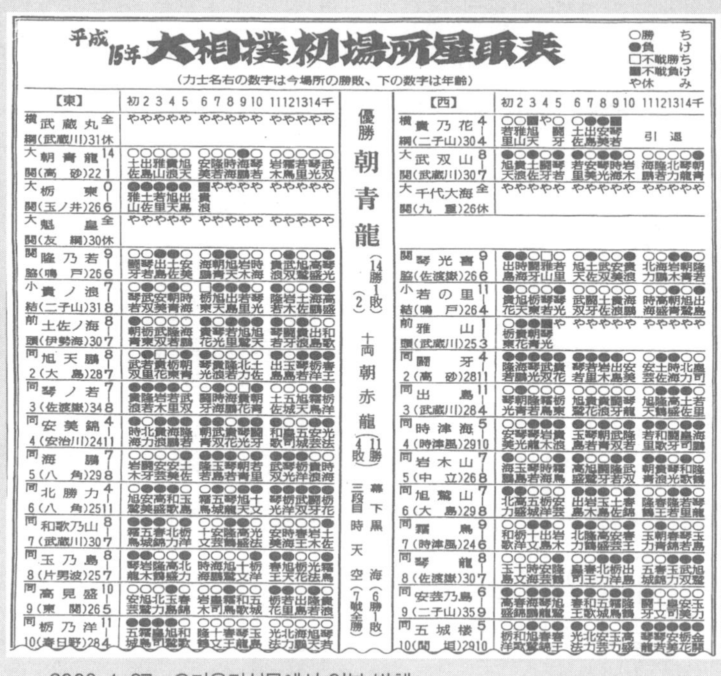

2003. 1. 27. 요미우리신문에서 일부 발췌

제5장

이론이나 생각의 줄거리를 질서
정연하게 다듬어주는 논리적 사고

 # 논리에 강해지려면 이것만은 알아두자

논리를 잘 이용하는 요령

5장에서는 논리logic를 축으로 하여 생각하는 중요한 사고법에 대해 소개하려 한다. 바로 논리적 사고logical thinking다. 논리라는 말은 좀 다루기 어렵고 추상적이고 이해하기 힘든 것처럼 느껴지지만 당장은 사물의 조리(이치) 정도로 이해해두면 된다.

수학에서는 정리나 공식을 토대로 건너뜀 없이 한 걸음 한 걸음 추론을 거듭해간다. 일관되게 이치를 따져나가면 그것은 바른 논리다. 바른 논리에는 법칙성, 규칙성, 객관성, 엄밀성, 정확성, 그리고 보편성이 있다. 반대로 법칙성, 규칙성 등의 조리를 거치지 않으면 그른 논리가 된다.

논리적 사고는 논리를 자유롭게 사용해 성과를 올리는 사고법이다. 그러기 위해서는 한편으로는 바른 논리에 따라 생각하고 표현하지 않으면 안 된다. 또 다른 한편으로는 스스로 바른 논리, 가치 있는 논리를 세우거나 창조하지 않으면 안 된다.

이번 장에서는 이 두 가지를 염두에 두고 논리적 사고의 사고방식과 방법, 기술을 소개해 나가기로 하자.

국제화 시대에 요구되는 사고법

논리적 사고는 이성적인 사고법의 중핵이며 이것을 마스터해야 비로소 사고법의 한 줄기가 잡힌다고 할 수 있다. 특히 요즘 같은 국제화 시대에는 그 중요성이 더욱더 높아지고 있다.

앞서 말한 것처럼 논리에는 보편적인 성격이 있다. 가령 1+1=2라는 논리식은 세계 어디를 가더라도 그대로 바로 통용된다. 따라서 논리적 사고에 통달해 있는 사람이라면 아무래도 국제화 시대에 강해질 수밖에 없다. 국제화 시대에 발맞춰 논리의 국제화도 점차 진행된다. 논리적 사고가 크게 요청되는 이유는 여기에 있다.

한마디 더 보충하자면, 넓은 의미의 논리적 사고에는 뒤에 서술할 통계사고도 포함된다. 통계사고도 논리적 사고의 중요한 줄기의 하나다. 그런데 세상에 나와 있는 논리적 사고에 관한 책의 대다수는 통계사고를 거의 다루고 있지 않은 것 같다. 그런 주된 줄기를 간과한 논리적 사고는 사고법으로서 중대한 결함이 있는 것처럼 여겨진다.

논리적 사고와 사고력의 관계

논리적 사고는 한마디로 말하면, 절차(순서)를 밟아 객관적 합리적으로 생각하는 사고능력이다. 이것은 사고력 중에서도 특히 추리력, 논리력, 분석력, 판단력 등과 관계가 깊은데, 이들은 서로 보완하고 강화된다.

우선 논리적으로 생각하기 위해서는 최소한 추리하고, 논리화하고, 분석하고, 판단하고, 계산하는 기본적인 능력이 없으면 안 된다. 예를 들어 덧셈, 뺄셈도 안 되는 계산력으로는 현실적으로 논리적 사고가 가능하다고 보기 어렵다. 반대로 이 종류의 사고력이 뛰어나면 뛰어날수록 그에 비례해 수준 높은 논리적 사고가 가능하다.

한편, 이것과 병행해 논리적 사고가 이들 일련의 사고력을 강화하는 측면도 있다. 논리적으로 생각하는 기술을 습득해 숙련시켜 나가면, 스포츠의 기술 획득이 관계된 능력을 향상시켜주는 것과 마찬가지로 사고도 당연히 그렇게 될 것이다.

객관적, 합리적으로 생각한다는 것은 어떤 것?

그럼 조리 있게 객관적, 합리적으로 생각한다는 것은 어떤 것일까? 조금 더 알기 쉽게 설명해보면 다음과 같다.

① 의미 있는 것을 생각한다.
② 사실이나 객관성을 중시한다.
③ 바른 논리를 만들고 사용한다.
④ 사물을 바르게 관련짓는다.
⑤ 사물을 바르게 순서매김한다.
⑥ 사고를 비약하지 않고, 한 단계 한 단계 발전시켜 쌓아간다.

이렇게 의미 있는 것을 조리 있게 생각하기 위해 최소한으로 필요한 논리적 룰을 갖춘 사고법이 바로 논리적 사고다. 이제 논리적 사고의 순서, 진행방법에 대해 대강 해설해 나가기로 하자.

논리에는 세 가지 종류가 있다

논리적 사고에는 논리를 필요충분하게 구축, 조작, 표현할 수 있는 기술이 필수적인데 이 기술을 일반적으로 개념의 기술conceptual skill이라고 한다. 이 기술을 연마하려면 무엇보다도 논리란 무엇인가를 보다 구체적으로 이해하고 있어야 한다.

5장 첫머리에서 "논리란 사물의 이치다"라고 간단히 서술했지만, 그 정도의 막연한 말로는 효과적인 논리를 조작할 수 없다.

그래서 가능한 한 알기 쉽게 해설을 덧붙여보려 한다. 우선 결론부터 말하면, 논리에는 ① 절대논리 ② 확률논리 ③ 가설논리가 있다. 이것을 맨 먼저 머리에 넣어두자.

①의 절대논리는 "이렇게 하면 반드시 이렇게 된다"는 절차에 의해 진행되는 논리다. "사물에는 반드시 원인과 결과가 있다", "이 원인으로부터는 꼭 이 결과가 생긴다" 이런 식으로 생각하는 인과율은 전형적인 절대논리다. 하지만 여기서 끝내지 않고 인과율을 두 개의 논리로 더 나누는 것이 후술할 연역논리와 귀납논리다.

②의 확률논리는 절대논리의 단정적인 논리와 달리 "이렇게 하면 이렇게 되는 경우가 있다"고 하는 이치를 가진 논리다. 더 알기 쉽게 말하면 가능성의 대소가 중요한 의미를 가져오는 것이다. 이 형식의 논리에 무관심한 사람이 많은데 확률논리의 중요성은 절대논리의

중요성보다 나으면 낫지 못하지는 않다.

③의 가설논리는 "이렇게 하면 이렇게 되지 않을까"하는 가정형의 조리를 가진 논리다. 이 경우에는 논리가 닿지 않은 블랙박스의 부분에 가설을 만들어 임시로 논리를 세운다. 그것을 마지막에 검증해 논리의 타당함을 입증하는 것이다.

'원인으로 생각하는가, 결과로 생각하는가', 연역과 귀납

절대논리에 속하는 연역논리와 귀납논리에 대해 간단히 언급해 두려고 한다.

연역논리는 원인(추상, 본질)의 측면에서 논리적으로 생각을 진행시켜 결과(구상, 현상)에 이르는 순서를 거치는 논리다. 공리, 정리, 법칙을 토대로 그것을 구체적 예에 적용시켜 성과를 확실하게 한다는 것은 연역논리를 따른 것이다. 예를 들어 유클리드 평행선의 공리로, 삼각형의 내각의 합이 180°라는 것을 증명할 수 있다. 그리고 실제로 어떤 삼각형이라도 내각의 합을 재어보면 180°라는 것을 알 수 있다. 이렇게 진행해 나가는 논리가 연역논리다.

한편 귀납논리는 반대로 결과나 구체적 예로부터 원인, 본질, 정리, 법칙 등을 도출해내는 형식의 논리다. 임시로 유클리드의 공리가 없다고 가정하고 어쨌든 닥치는 대로 삼각형의 내각의 합을 조사했다고 가정해보자. 당연히 결과는 언제나 180°가 될 것이다. 만약 모든 삼각형을 다 조사해 그것으로부터 "삼각형의 내각의 합은 180°이다"라는 법칙을 이끌어냈다고 한다면 이것은 절대적으로 옳다고 할 수 있을 것 같다(여기서 비 유클리드 기하학은 생각하지 않는다).

① 절대논리(인과율〈연역논리, 귀납논리〉)
　　"이렇게 하면 반드시 이렇게 된다"의 논리

② 확률논리
　　"이렇게 하면 이렇게 되는 경우가 있다"의 논리

③ 가설논리(발상논리)
　　"이렇게 하면 이렇게 되지 않을까"의 논리

그런 까닭에 연역논리, 귀납논리는 모두 다 절대논리다.

덧붙여 여기서 매거枚舉라는 매우 중요한 방법을 언급해두겠다. 이것은 일일이 세는 것, 예를 하나하나 다 드는 것이다. 데카르트는 귀납법의 방법론으로 이것을 무엇보다 중시해 '귀납법이란 사물을 매거하는 것'이라고까지 서술하고 있다.

가설논리는 발상형의 논리

앞에 세 종류의 논리를 설명했는데 그 중 ③ 가설논리는 시각을 조금 바꾸면 발상형의 논리라고 할 수 있다.

미국의 근대 논리학자 퍼스의 논리 분류에서는 연역, 귀납과 나란히 발상發想이 거론되고 있다.

분명, 아직 미지의 사항에 대해 생각하기 위해서 혹은 미지의 아이디어나 해결안을 이끌어내기 위해서라도 연역논리, 귀납논리와는 다른 논리가 필요하다. 그때 유효한 것이 바로 가설논리다.

마지막으로 지금까지의 것들을 정리해보자. 데카르트와 퍼스의 논리학에 내 생각을 덧붙여 정리하면 그림 12와 같이 된다. 요컨대 논리의 체계(시스템)는 한편에 절대논리, 다른 한편에 가설논리가 있고 그 사이에 확률논리가 들어가 양자를 연결하는 구조형식으로 되어 있다. 이렇게 이해하면 완벽하다.

올바른 문법으로 생각하고 표현하자

우리들이 일상적으로 사용하는 대화나 문장에는 문법이라는 규칙이 있다. 문법도 말의 논리성을 유지하는 논리 체계다. 우리들은 주로 말을 사용해 생각을 하고 있으므로 문법을 바르게 이해하고 사용하지 않으면, 당연히 효과적인 논리적 사고도 불가능하다는 얘기가 된다.

문법 중에서 특히 파악해두어야 할 요점을 보자.

우선 주어, 서술어, 목적어, 보어, 관형어 등을 바르게 연결 지을 것. 바른 연결짓기와 순서가 바른 논리, 즉 바른 문장을 만든다. 너무 당연한 것이므로 더 이상 언급하지 않겠다.

둘째 순접과 역접에 주목할 것. 순접이란 '그러니까', '-이므로', '따라서'와 같이 생각이나 의미 내용을 자연스런 방향으로 연결해주는 접속논리다. 이것과는 반대로, 역접은 '그러나', '그렇지만', '하지만'과 같이 생각이나 의미 내용을 반대 방향으로 연결해 옮겨가는 접속논리다.

가령 "슬펐다. 그래서 눈물이 나왔다"라고 할 때는 정말 자연스런 감정의 흐름이 전달된다. 이것이 순접의 역할이다. 순접에는 생각을 부드럽게 앞으로 앞으로 매끈하게 진행시켜주는 효과가 있다. 그래서 긍정적인 논리를 세울 때는 순접이 많이 이용된다.

반면 "슬펐다. 그러나 억지로 웃어 보였다"는 것은 역접에 의해 접속되어 있다. 역접은 다른 말을 꺼내거나 반대하거나 부정하거나 논지를 뒤바꾸는 경우에 많이 이용된다. 역접이 들어가면 그 순간 자연스런 흐름이 단절되는 데 비해 효과는 매우 강해진다.

셋째, 조사의 역할을 잘 이해할 것. 조사는 문장성분이 주어인지 목적어인지를 나타내는 보조논리, 접속논리를 만든다. 이는 약방의 감초와 같은 역할을 한다.

이처럼 문법도 논리적 사고에 빼놓을 수 없는 필수 도구라는 것을 충분히 인식했으면 한다. 그것을 바탕으로 모든 커뮤니케이션에서 자신의 생각을 대화나 문장으로 오류 없이 표현하고 전달할 수 있도록 노력해 나가자.

❷ 논리를 세우고 전개시키는 노하우

논리를 세우기 위한 7가지 노하우

다음 단계로 넘어가 실제로 논리를 세우는 방법을 소개해 보려고 한다. 이것은 논리적 사고 중에서도 가장 활용빈도가 높은 것으로 그 용도가 매우 넓다. 사실 논리를 세우는 것은 본질적으로는 수학의 계산과 아주 흡사하다. 결국 논리의 계산, 연산을 하는 것이다.

여기서는 손쉽게 빨리 논리를 형성하고 논리계산술을 익히기 위한 간단 노하우를 몇 개 들어보겠다.

❶ '그리고', '또는'을 사용해 생각하고 그 생각을 연결해간다

'그리고'를 합접合接, '또는'을 이접離接이라고 부른다. 이것도 어려운 말처럼 들리지만 알기 쉽게 말하면 '그리고'는 직렬, '또는'은 병렬이다.

❷ 여러 사항들의 관계를 바르게 파악한다

올바른 관계 설정은 올바른 논리를 낳는다.

❸ 사물을 바르게 순서매김한다

바른 순서가 역시 바른 논리를 낳는다. 더욱이 엄밀한 수학적 논리(집합논리)에 의하면, 우리들이 보통 순서라고 부르는 것도 사실은 관계의 하나고, 또 관계도 논리의 하나라는 것이다. 이것도 알아두도록 하자.

❹ 공상이나 소망이 아닌 사실과 데이터를 토대로 생각한다

공상이나 소망은 비약을 낳고, 논리에 단절을 가져온다. 논리적 사고에서는 사실, 객관성, 데이터 등 근거 있는 재료들을 가지고 실증적으로 논리를 세워나가야 한다.

❺ '그러니까', '그러므로'라는 말로 생각하고 논리를 연결해나간다

'왜냐하면', '그 까닭은'이라는 말로 생각하고 표현해도 좋다. '그러니까', '그러므로'와 '왜냐하면', '그 까닭은'은 논리의 흐름, 운반 방법은 반대지만 논리적 의미는 같다.

❻ '그러나', '그렇지만'이라는 말로 대립된 생각을 연결한다

이것은 앞에서 서술한 역접이다.

❼ '(A는 B)이다'라는 사고를 한다

이 경우의 '~이다'는 '='을 의미한다. 바꿔 말하면 '='로 생각을 연결해나가는 노하우다.

치밀하게 논리를 전개하기 위한 체크리스트

나아가 논리적 사고를 한 단계 향상시키고 또 논리력이 한층 정확하고 치밀해지도록 단련시켜 나가기 위해서는 어떻게 하면 될까?

그것을 위한 체크리스트로 다음 여섯 가지 항목을 들 수 있다.

① 등가등질의 사항은 정확하게 '~이다', '='(equal)로 연결해 나간다.

② 인과율을 정확하게 사용한다.

③ 'A니까 B', 'B, 왜냐하면 A'와 같은 사고법, 표현법을 습관화한다.

④ 논리는 비약하지 말고, 한 걸음 한 걸음 순서대로 쌓아간다.

⑤ 주관에 의지하지 말고 사실, 숫자, 데이터를 이용해 뒷받침해나간다.

이어서 간단한 설명을 덧붙여 두겠다.

'='equal의 논리, 인과율을 바르게 이용한다

"철은 금속이며 원소기호는 Fe, 원자번호는 26, 원자량은 55.8, 비중은 7.86" 이렇게 A와 B를 '='로 계속 연결짓는 한, 논리는 절대로 비약하거나 이탈하지 않는다. 이 '='이라는 논리를 정확히 사용할 수 있게 되면 좋겠다.

또 한 가지 참고로 알아두자.

㉠ "이것이 급소야."

ⓛ "이것이 급소이다."

ⓒ "이것이 급소인 것이다."

ⓔ "이것이 급소이외다."

모두 A＝B형의 논리식이지만 뉘앙스가 조금씩 다르다. 그렇다면 이 네 가지는 등가인가, 아닌가? 각 문장의 가치는 같을까, 다를까?

결론적으로 논리적인 의미, 가치는 완전히 일치한다. ⓔ처럼 정중하게 말했다고 해서 논리의 가치가 극대화되는 것은 아니다. 단, 감각적으로는 미묘하게 뉘앙스가 달라진다. 간단한 문장에서도 이렇게 이중의 성질, 등질성과 이질성을 아울러 갖추고 있는 경우가 있다.

위와 같은 수준의 고감각적인 논리적 사고를 목표로 하는 독자라면 이런 점에도 조금 신경을 써보는 것이 어떨까.

'＝'의 경우와 마찬가지로 인과율, '그리고, 그러니까, 왜냐하면'으로 논리를 연결해나가는 것도 생각을 확장시키거나 깊이 있게 하기 위해 불가결한 요소이다.

단 '＝', '～이니까' 등을 형식만 사용했다 해도 사실관계나 논리의 내용에 착오가 있으면 결과에도 오류가 발생하기 때문에 주의를 기울여야 한다. "철은 물이다", "그는 건강하니까 병에 걸렸다"가 그 좋은 예이다. 그런 오류를 범하지 않기 위해서라도 체크리스트의 ⑤에서 언급한 사실이나 데이터의 뒷받침이 필요해진다.

조사의 사용법에도 세심한 주의를

치밀한 논리를 전개하는 데 있어서 조사 또한 무시할 수 없다. 다음 네 가지의 표현을 비교해보자.

㉠ 전철 발차횟수 늘리기

㉡ 전철 발차횟수 늘리기로

㉢ 전철 발차횟수 늘리기를

㉣ 전철 발차횟수 늘리기도

조사가 있는지 없는지, 조사 중 어느 것을 사용하는지의 차이일 뿐인데, 그런 작은 차이로 의미가 크게 변하는 것을 알 수 있다.

㉠ '전철 발차횟수 늘리기'는, 전철의 발차횟수를 늘린다는 사실을 객관적으로 전달하고 있다. ㉡ '전철 발차횟수 늘리기로'는, 전철의 발차횟수가 앞으로 늘어날 것 같다는 방향성을 제시하는 메시지다. 또 ㉢ '전철 발차횟수 늘리기를'은, 이용객이나 관계자가 전철의 발차횟수를 늘리기를 요망 내지는 의도하고 있다는 뉘앙스가 엿보인다. 그리고 ㉣ '전철 발차횟수 늘리기도'는, '전철 발차횟수 늘리기'를 포함한 복수의 생각이 있는 것을 '도'라는 한 글자로 시사하고 있다.

결국, 조사에는 단 한 글자로 미묘한 논리를 세우거나 구별하는 세심한 논리성이 있다. 그런 점에까지 민감해지지 않고서는 섬세하고 치밀한 논리적 사고는 불가능한 것이다.

 **논리적 사고에서 빼놓을 수 없는 사실,
현실의 실증**

논리적 사고의 간판, 논리와 실증

지금까지의 설명을 읽고 머릿속에서 추상적인 논리를 조작하는 것이 논리적 사고라고 생각하는 독자도 많을 것 같은데, 결코 그것만이 전부는 아니다. 논리적 사고는 논리를 중시하는 한편, 그것에 그치지 않고 사실이나 현실을 중요하게 여기는 사고법이기도 하다.

그도 당연할 것이 논리는 사실이나 현실에 뒷받침된 분명한 근거가 있는 것이 아니면 안 되기 때문이다. 사실 현실에서 유리된 논리는 아무리 형태를 그럴듯하게 갖추고 있다고 해도 무의미하다.

그래서 사항을 사실, 현실에 비추어 실증하는 것도 논리적 사고에서 빼놓을 수 없는 방법이다. 결국 논리적 사고는 논리실증주의에 서 있다. 논리와 실증이 논리적 사고의 두 개의 간판이다.

이노우타다타카에게 배우는 실증적인 논리적 사고

실증의 중요함은 처음으로 일본 전국을 측량해 놀랄 만큼 정확한 지도를 만들어낸 이노우타다타카伊能忠敬의 업적이 무엇보다 잘 가르쳐주고 있다. 그는 실제로 직접 걸어다니며, 거기서 얻어진 믿을 만한 사실과 데이터를 토대로 지도를 제작했다.

만약 여기서 "그는 우리하고는 다른 특별한 사람이었다(그러니까 그의 얘기는 참고가 되지 않는다)"고 단정지어 버린다면, 우리들과 그의 접점은 찾을 수 없을지도 모른다. 하지만 그런 견해는 단락적인 것에 불과하다. 분명 누구나 이노우타다타카라는 인물이 될 수는 없다. 그러나 그의 실증정신을 배워 그의 방법론을 끄집어내 우리 것으로 하는 것은 가능한 일이다.

그의 경우, 실제로 자기 발로 걸어다니며 땅의 형세나 거리를 재는 것이 실증이었다. '실증 = 행동'이라고 해도 좋은데 물론 그것만은 아니다. 책 앞부분에서 소개한 사르트르의 나이프 직공의 예처럼, 걷는다는 행동에 앞서 그의 머릿속에는 다양한 이미지나 플랜, 욕구, 꿈, 결의, 각오가 있었을 것이다. 나아가서는 주저하고 방황하는 마음까지도 생겼을지 모른다. 조정의 명령으로 시작한 것이라고는 해도 어차피 은거 후 50대의 나이에 했던 모험이기 때문이다.

어찌되었든, 돌아다니기 전에도 또 돌아다니면서도 다양한 생각이 그의 뇌리를 스쳤던 것은 과히 상상하기 어렵지 않다. 그런 의미에서 그의 실증행동은 그것들을 뭉뚱그린 사고의 결과와 산물인 것이다.

그의 경우에만 국한하지 않고, 실증이 신체를 움직이는 작업을 수반하는 경우는 많다. 그래서 특별히 상관하지 않는다. 그러나 그 어느 경우도 마찬가지로 반드시 실증행동은 실증사고에 의해 선도되고 있고 우리는 그것을 잘 이해해둘 필요가 있다.

지적인 사고활동의 경우는 더욱 그렇다. 가령, 데이터나 구체적인 예를 모아 실증한다, 주의 깊게 관찰하고 계산한다, 분석하고 비교, 판단해 사실의 유무를 밝힌다. 이런 식으로 실증하는 경우 실증활동은 대부분 실증사고에 기초한 활동임에 틀림없다.

결론적으로 이렇게 실증을 지향하는 사고법이 논리적 사고의 또 하나의 줄기가 된다는 것이다.

실증하는 것을 귀찮아하는 태도는 금물

진정한 논리적 사고는 논리를 바르게 사용하게 하는 사고법임과 동시에 사실이나 현실에 비추어 철저히 실증해나가는 것이 아니면 안 된다. 다시 말해 통계사고, 확률사고도 포함한 사고법일 필요가 있다.

실증적인 사고법을 정말 잘 익히려면, 우선 자신이 실증의 중요성을 진심으로 확신하고 있지 않으면 안 된다. "실증 같은 귀찮은 일은 딱 질색이다. 그런 건 딴 사람에게나 맡겨버리자"는 태도로는 아마 영원히 실증사고는 할 수 없고, 물론 올바른 논리적 사고도 불가능할 것이다. 실증사고는 실증의 중요성을 강하게 자각하는 것에서부터 시작된다.

자, 이런 마음가짐이 생겼다면, 이제 어쨌든 실증사고를 실행해보는 것만 남았다. 귀찮다고 생각하지 말고 — 이런 기분은 이제 극복해야 한다 — 자신의 사고활동이 이르는 곳에서 실증사고가 활동할 기회를 붙잡으면 된다.

구체적으로는 "좋아, 이 부분은 실증적으로 예를 들어 생각하자", "이것은 정말 사실인지, 통계숫자로 확인해보자", "소문대로인지 본인에게 직접 물어보자", "내일, 줄자와 전자계산기를 갖고 현장에 직접 가서 담당자와 함께 측량해보자" 라고 생각하는 것이다.

놀이처럼 할 수 있는 논리적 사고

바르게 실증하기 위한 방법이나 순서, 수단 등을 생각해보는 것도 중요한 실증사고다. 우리 주변에 가까이 있는 것을 예를 들어 설명해보자. 앞에 이노우타다타카의 경우를 소개했는데 사실은 나도 훨씬 전부터 그 사람과 같은 일을 하고 있다.

우리 집에서 터미널 부근의 일터까지는 대략 3킬로미터인데, 버스나 전철을 이용하는 경우도 있고 걷는 경우도 적지 않다. 우연히도 우리 집은 꽤 흥미로운 위치에 있다. 마치 원의 중심처럼 역으로 향하는 세 개의 버스정류장, 그리고 전철역이 거의 같은 거리에 있다. 감각만으로는 잘 알 수 없다. 시계로 재어보아도 구별이 어렵다. 그 중 어디가 가장 가까울지는 가족들 사이에서도 화제에 올랐다. 그래서 '실증주의자'인 나는, 이 문제의 해결에 착수하기로 했다. 4개의 루트를 같은 보폭으로 걸으며 보폭 수를 세어보기로 했다.

그 결과는 이랬다. 가족 모두가 어쩐지 가장 가깝다고 느끼고, 나 역시 가장 자주 이용해온 버스정류장 A까지는 1024보, 다른 버스정류장 B까지는 1007보, C까지는 988보, 그리고 전철역까지는 1093보였다. 이것으로 확실히 매듭이 지어졌다. 가장 가깝게 느꼈던 버스정류장 A는 실제로 측정해보니 3위였다.

　이것과는 별도로 일터까지 걸어가는 경우도 많으므로 그 보폭 수도 제대로 실증해 보았다. 그렇다고는 해도 사실 보폭 수를 계속 머릿속으로 세면서 걷기는 상당히 힘들다. 그래서 우리 집에서 일터까지의 행로를 크게 세 개로 구분해 한 구간마다 실증해나갔다. 이런 식으로 실증해나가면 그야말로 디지털적인 정확성으로 대상을 이해하거나 요리할 수가 있다.

　그 밖의 효용도 있다. 하루에 만보를 걷기 위해서는 일터를 오고갈 때 어디를 얼마만큼 걸으면 되는지 간단히 계산이 나오기 때문이다.

　또 이런 놀이도 있다. 역으로 향하는 버스가 교통정체로 꼼짝도 하지 않는 경우에 나는 재빨리 도중에 버스에서 내려 역 방향으로 걷는다. 평상시의 보행속도지만 그래도 정차해 있는 차로부터 점점 벗어나게 된다. 이것이 꽤 재미있어서 시간도 때울 겸 내가 지나쳐온 차의 대수를 세기도 한다. 잘못 세지 않기 위한 룰도 만들어 놓는다. 지금까지의 최고 기록은 125대. 걸으면서 외국산 자동차나 스포츠카, RV카(레저용 차)를 포함해 100대 이상을 가볍게 지나쳐 가는 기분이란 그야말로 유쾌 상쾌 통쾌다.

　모든 사고법과 마찬가지로 실증사고도 크게 응용할 수 있다. 특별히 걷지 않아도, 또 차의 수를 헤아리지 않아도 된다. 실증사고의 감각이 익혀지면 테마에 상관없이 대상을 논리적으로 실증하는 것이 얼마든지 가능해지는 것이다.

제6장

초사고로 향하는 절대관문,
통계사고를 익히자

생각하는 법을 확 바꾸는 노하우

생각하는 힘이 대변모를 거듭하는 사고법

　　드디어 초사고로 향하는 최대의 난관에 접어들었다. 이번 장에서 다룰 통계사고는 넓은 의미의 논리적 사고에 들어가는 매우 중요한 사고법이다(또 하나, 확률사고도 통계사고와 형제관계에 있는 중요한 사고법으로, 특히 미래 예측이나 위기 관리에 있어서는 절대 불가결한 것인데 여기서는 생략하겠다).

　　통계사고는 활용 범위가 매우 넓은 강력한 사고기술이다. 특히 집단에 관한 것, 복잡한 요인이 얽혀 있는 문제에 대해서 뛰어난 위력을 발휘한다. 하지만 사고법을 꿰뚫는 논리 형식과 구조 및 사고 방법도 여태까지 보아온 것과는 매우 이질적이고 독특하다. 그 때문에 많은 사람들이 도중에 포기하거나 오류를 범해버리기도 한다.

　　사실 우리들은 일상생활 속에서 끊임없이 무의식중에 통계적인 사고법을 이용하고 있다. 그 예를 보자.

“일본인은 친절하다”, “이탈리아인은 명랑하다”, “베이비붐 세대는 이렇다”, “도쿄토박이는 그날 생긴 돈은 그날로 다 써버린다”, “눈이 많이 내리는 지방의 사람들은 인내심이 강하다”, “동물 좋아하는 사람 치고 악인은 없다”, “딸은 아버지를 닮는다”, “A형은 빈틈없고, O형은 보스 기질이 있고, B형은 사교적이고…”, “좋은 일은 서둘러 하라,” “호랑이굴에 들어가지 않고는 호랑이 새끼를 잡을 수 없다”, “좋은 약은 입에 쓰다,” “아무리 착한 사람도 무례한 짓이 거듭되면 화를 낸다(참는 데도 한계가 있다)” 등등 속담 속에도 많이 있다.

이런 사고를 하는 것은 조금도 나쁘지 않은데 문제는 그것을 절대적인 진실인 것처럼 생각하거나 사고가 패턴화되어 경직되기 쉽다는 것이다. 그러므로 이것을 유형화 사고, 획일화 사고라고 부르기로 하자.

흔히들 ‘친절’ 하면 일본인을 떠올리지만 친절하지 않은 일본인도 많이 있다. ‘아오야마는 멋진 거리’라고 하는데 멋지지 않은 장소도 얼마든지 있다. 분명 이러한 메시지는 들어맞는 면도 있지만 그것은 어디까지나 일면의 진실에 지나지 않는다.

그런 까닭에 차이를 무시하고 단순히 주먹구구식의 유형화, 획일화로 치닫는 통계사고는 오히려 매우 유해하다 할 수 있다. 논리적으로 부정확하고 분명히 잘못되어 있는 경우도 반드시 혼재하고 있기 때문이다. 머리를 유연하게 하기는커녕 도리어 딱딱한 돌머리로 만들어버리는 것도 큰 문제다.

따라서 우리들은 얼핏 보면 진실처럼 보이는 이상한 통계사고는 모두 던져 버리고 앞으로는 바른 통계사고를 익힐 필요가 있다.

그래서 이번 장에서는 전문적인 논의는 가능한 한 피하고, 철저하게 꼭꼭 씹어서 알기 쉽게 에센스만을 이해해나갈 것이다. 또, 구체적인 예도 들어가면서 통계사고의 실천적인 방법과 활용의 노하우를 이해하고 체득해나가자.

이 사고법을 올바르게 마스터하면 여러분의 사고 세계는 반드시 대변모를 거듭할 것이다. 시야가 넓어지고 생각이 유연해지고 예리해지고 생각이 깊어진다. 보다 정확해지고 발상이 풍부해지고 독창성이 높아질 것이다. 이렇게 여러분의 사고력은 이전에 비해 비약적으로 향상되고 충실해진다.

결국 통계사고는 그 자체가 초사고이고 초사고법이다. 따라서 우리들은 무슨 수를 써서라도 이 난관을 돌파할 필요가 있다.

통계사고의 결여가 잘못된 생각이나 판단을 낳는다

그런데 통계사고의 기본이 되는 통계학은 한마디로 '평균과 분산의 과학'이라고 불린다. 평균은 사항이나 데이터의 중심, 전체의 경향을 나타내고, 분산은 사항이나 데이터의 분포된 상태를 가리킨다. 통계사고는 이 평균과 분산의 두 가지 방법을 구사하는 논리적 사고다.

반복이 되겠지만, 현실적으로는 대부분의 사람들이 바른 통계사고를 하지 못하고 있다. 그 결과, 결함사고로 전락해버리는 경우가 많고, 잘못된 생각이나 판단이 끊임없이 넘쳐나게 된다.

가령 "요즘 젊은이들은 절도가 없고 무기력하다", "남자들이란…" 같은 예는 일일이 다 열거하기 어려울 정도다.

이것이 실천적인 통계사고의 에센스

그럼 서둘러 통계사고의 6가지 실천 룰을 살펴보자.

❶ 주관을 배제하고 사실, 현실로부터 출발할 것

'현실 입각룰'이라고 이름을 붙여보자. 실제로는 주관을 완전히 배제하고 완전히 사실, 현실에 입각하는 것은 불가능할지도 모른다. 그러나 가능한 한 그렇게 할 각오로 실천하지 않으면 안 된다.

이 룰을 지키지 않고 자의적으로 주관을 개입시키면 통계사고의 전제가 왜곡된다. 첫 출발점부터 이미 오류가 발생해버린다. 그러면 그 다음 단계에서 올바른 통계적 처리가 이루어졌다 하더라도 그릇된 생각은 확대 증폭되거나 더욱 깊이 침투할 우려가 있다.

더욱이 통계사고에서는 사실 대신에 데이터, 숫자 등을 사용한다. 사실, 현실이라는 말은 여전히 추상적이어서 오해를 일으킬 여지가 있고, 데이터, 숫자처럼 논리적, 통계적으로 처리하기 어려운 개념들이기 때문이다.

❷ 하나나 소수의 데이터에 의존하지 않고, 일정 수준 이상의 데이터를 집약할 것

이것도 통계사고에 꼭 필요한 노하우다. 통계사고에서는 데이터의 수를 무엇보다 중시한다. 데이터의 양이 생각의 시비나 설득력을 결정적으로 좌우하는 경우가 예상 외로 많기 때문이다.

❸ 데이터의 신뢰성을 높이도록 끊임없이 노력할 것

이것은 데이터의 내용, 질에 관한 것이다. 데이터는 그냥 있기

만 하면 되는 것이 아니다. 새빨간 거짓말만 늘어놓는 데이터보다는 소수라도 신뢰할 수 있는 정확한 데이터가 더 나을 것이다. 통계사고 에서는 데이터의 양뿐만 아니라 질 역시 중요한 조건이라는 것을 잊지 말도록.

❹ 사항이나 데이터를 어느 척도에 따라 계층별로 구분하는 습관을 들일 것

어떤 상품의 구입자를 여성과 남성으로 나눠보자. 혹은 세대별, 직업별, 지역별로 구분해 조사한다. 그런 식으로 하면 어떤 계층이 잘 사고 어떤 계층이 잘 사지 않는지가 데이터에 의해 파악된다. 그 결과를 토대로 이후의 판매활동을 보다 효과적으로 실시하는 것도 가능할 것이다.

이런 기법은 층별분석cluster이라고 불리며 마케팅에서 자주 이용되고 있다. 이렇게 계층별로 구분하는 사고법은 다양한 경우에서 매우 유효하다.

❺ 사항이나 데이터의 평균을 가능한 한 정확하게 파악할 것

❻ 사항이나 데이터의 분산을 가능한 한 정확하게 파악할 것

제 ⑤, ⑥항은 통계사고에 있어서 특히 중요하므로 더 자세히 해설하기로 하겠다.

평균과 분산이 통계사고의 키워드

평균에도 여러 가지 영역이 있다

통계사고를 마스터하는 데에 두 개의 관문이 있다. 앞에 언급한 평균과 분산에 대한 이해를 돕기 위해 자세한 설명을 덧붙여보려 한다.

우선 이 중 평균에 초점을 맞춰보자. 한마디로 평균이라고 하지만 거기에는 몇 가지 영역이 있다. 각각 의미가 다르고 계산방법도 다르다.

여기 11명의 골프선수가 있다. 그들의 타수 차이가 다음과 같았다고 하고 11명의 평균 타수차를 구해 보기로 하자. 이해하기 쉽도록 타수 차는 작은 것부터 순서대로 나열해 놓았다.

제 1평균은 타수 차의 합계 250을 사람 수(11명)로 나눠 구할 수 있다. 답은 22.7. 이 평균은 가중평균 혹은 산술평균이라고 불린다.

제 2평균은 11개의 데이터(타수 차)의 딱 한가운데에 위치한 수

A씨	9
B씨	14
C씨	18
D씨	21
E씨	22
F씨	22
G씨	28
H씨	28
I 씨	28
J씨	28
K씨	32
11명	250

에 주목한다. 위로부터 여섯 번째, 아래로부터도 여섯 번째의 수로 22가 답이 된다. 이 평균은 중위수라고 불린다.

다음은 제 3평균. 데이터 중에서 가장 많이 출현한 수를 취한다. 예에서는 타수 차 28이 4개, 22가 2개, 나머지는 모두 1개. 그래서 답은 28이 된다. 이 평균을 병수mode라고 부른다.

이렇게 평균에는 세 가지의 의미가 있다. 많은 사람들은 보통 이 세 개를 특별히 구별하지 않고 평균이라는 말을 사용하고 있는 것 같다.

실생활에서는 중위수, 병수로 평균을 구하자

22.7과 22와 28, 그 차이를 크다고 보는가 아니면 작다고 보는가? 통계학에서는 우선 대부분의 경우 가중평균을 이용한다. 수학적으로 가장 엄밀한 평균은 물론 가중평균이다. 그러나 일상생활에서 생활의 지혜로 평균을 활용할 때는 그 정도로 예민하게 구별하는 경우는 드물 것이다.

이 평균의 사고법은 일상생활에서 다음과 같이 활용할 수 있다.

① 대략의 중심을 잡는 경우

② 표준 레벨의 목표(예측)를 정하는 경우

③ 자주 일어나는 일, 자주 나타나는 데이터를 알아볼 경우

④ 대상의 특징적인 경향을 파악하는 경우

여기서 무엇보다 요구되는 것은 간편성이다. 그런 의미에서 중위수, 병수는 직관적으로 바로 파악할 수 있다. 가중평균은 이렇게는 되지 않는다. 암산으로 가능한 범위라면 괜찮지만 데이터가 50이나 100 정도로 커지면 아무래도 힘들다.

한 가지 더 보충하자면, 앞의 예는 내가 만든 문제여서 병수가 28이라는 꽤 편중된 값을 취하고 있다. 그러나 실제 경우에서는 세 개의 평균치가 크게 어긋나는 경우는 그리 많지 않다. 중위수, 병수로 가중평균을 대신해도 그렇게 큰 지장은 없을 것이다. 그런 까닭에 보통은 중위수, 병수라는 테크닉을 자주 활용하도록 권장하고 싶다. 이것을 활용하면 그것을 알지 못하는 사람, 사용하지 않는 사람에 비해 훨씬 이득을 얻을 것이다.

이상 설명한 것 외에도 이동평균이라는 말만을 기억해두고 필요해지면 그때 산출법을 배우도록 하자. 이런 사고법을 이용하는 것 자체가 훌륭한 생활의 지혜다.

분산과 분포라는 통계사고의 도구

이제 분산에 대해 살펴보겠는데, 가능한 한 평이하게 요점만 서술해보겠다.

분산이 사물의 흩어짐, 산재함의 정도를 나타내는 개념, 용어라는 것에 대해서는 이미 언급했다. 어감으로도 딱 와 닿는다. 통계학에서는 표준편차라는 말이 사용되지만 여기서는 같은 의미의 다른 말로 이야기를 진행하려고 한다(정확하게는 분산의 제곱근이 표준편차).

■그림 13

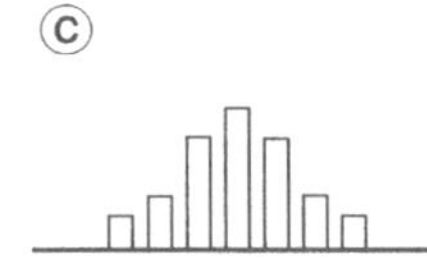
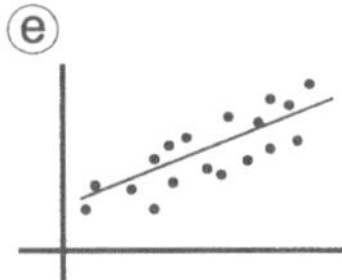
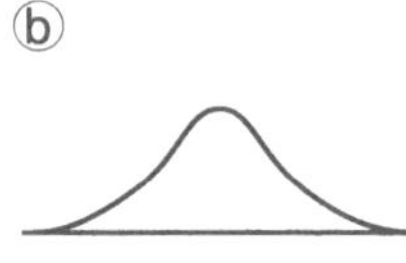

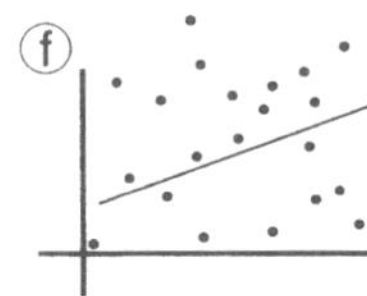

위의 그림을 보자. 얼핏 보면 ⓐⓒⓔ는 ⓑⓓⓕ에 비해 적게 흩어져 있다. 이것을 분산(표준편차)이 작다고 한다. 반대로 ⓑⓓⓕ 쪽은 분산(표준편차)이 크다.

덧붙여 분산, 표준편차는 각각 σ^2시그마 제곱, σ시그마라는 기호로 표기하기로 약속이 되어 있다.

더 자세한 설명은 다음 기회에 하기로 하고 통계사고의 매우 중요한 도구tool를 하나만 더 소개할까 한다. 바로 분포.

분포는 엉터리나 무작위의 거동을 포함한 확률현상에 대해 비교적 간단한 수식으로 근사치에 접근하는 기술로, 통계의 계산 등에 널리 활용할 수 있다. 실제로 그래프도 그릴 수 있으므로 쉽게 이미지화할 수 있는 점도 분포의 큰 장점이다.

이것들에 앞서 설명한 평균을 덧붙이면 통계사고의 도구는 제대로 갖추어진 셈이 된다.

통계사고에서 빼놓을 수 없는 표준편차 사고법

이제 스텝들이 고루 갖추어진 시점에서 통계사고의 중요한 골자를 지적해 두겠다.

- 평균과 표준편차(σ) 두 개를 알면 집단 혹은 숫자, 데이터의 집합의 특성이나 경향을 올바르게 파악할 수 있다.

여기서 분산 대신에 표준편차라는 말이 사용되고 있는 것에 주목하자. 통계 계산에서는 분산(σ^2)이 매우 중요하고 편리하지만, 테크닉이 조금 들어간 숫자에서는 그다지 실용적이지 않다.

그런 점에서, 생활의 지혜로 통계사고를 유용하게 활용하려는 경우에는 표준편차(σ)가 훨씬 편리하다. 의미파악이 쉽고 상식이나 직감으로도 딱 들어맞기 때문이다(단, 설명의 형편상 분산이라는 말도 곳곳에서는 사용한다).

즉, 수험생의 학력을 단적으로 나타내는 데 있어 편차라는 말이 자주 쓰인다. 두말할 것도 없이 이것은 평균으로부터 흩어진 정도, 거리를 나타내는 표준편차(σ)를 말한다. 표준편차가 그런 곳에서도 이용되고 있는 것을 알 수 있다.

더구나 σ시그마라는 간단하고 편리한 기호가 있으므로 앞으로는 일일이 표준편차라고 하지 않고 이 기호를 사용해 설명하겠다.

평균과 분산, 한쪽으로 치우친 사고법은 금물

여기서 또 하나, 통계사고의 매우 중요한 실천 룰을 지적해둔다.

• 평균이나 분산, 어느 쪽으로 치우쳐버린 사고법은 금물이다. 반드시 결함사고가 되어버린다.

결함사고가 되는 것을 막으려면 "모두 그렇다"라든가 반대로 "모두 다르다(제각각이다)"는 식으로 절대로 사항을 단순화시켜 생각하지 않도록 해야 한다. 전자는 평균에 너무 치우쳐 있고 후자는 분산에 너무 치우쳐 있다.

그렇다면 어떻게 생각하는 것이 적절할까?

A. "평균적으로는 그렇다", "이런 사람이 제일 많다"

B. "이런 생각도 있다", "이렇게 흩어져 있다(다양하다)"

이상의 A와 B를 합한 것이 올바른 통계사고이다. A나 B만으로는 반드시 오류가 생긴다.

현대의 청소년 문제를 통계사고로 생각한다

지금부터는 "요즘 청소년에 대해 어떻게 생각하는가?"라는 테마로 사례연구를 해보자. 이것에 대해 이미 배운 통계사고의 절차에 따라 윤리적으로 생각해나가면 다음과 같다(데이터는 생략).

① 비교적 현저한 예로 청소년에 의한 흉악범죄가 증가하는 경향이 있다.

② 청소년을 둘러싼 가족, 지역, 학교, 사회 등의 환경 변화도 지적해 둘 필요가 있다.

③ 옛날에 비해 청소년 자신의 체격, 의식, 행동양식에 큰 변화가 생기고 있다.

④ 그만큼 평균, 평균적 청소년상의 위치와 중심이 이동한다.

⑤ 그 배경에 사회의 균일성, 동질성이 계속 약해지고 있다는
것도 공평하고 냉정하게 인식할 필요가 있다. 그것도 감안해
청소년들의 의식, 행동이 흩어져있는 상태, 즉 분산이 커지
고 있다.

⑥ 당연히 종래의 틀에 얽매이지 않는 청소년의 수, 비율이 전
보다 늘어난다. 분포도가 길게 뻗고, 흩어진 정도가 커진다.

⑦ 그러나 그렇다고 해서 "오늘날의 청소년은 모두 이상하다"
고 총괄해버리는 것은 지나치고, 결함사고라고 하지 않을 수
없다. 통계의 법칙에 의해 평균적인 보통 청소년이 역시 대다
수를 차지하고 가운데 영역에 분포하는 것은 변함이 없다.

⑧ 결론으로, 하나를 알면 열을 안다는 식으로 색안경을 끼고
청소년들을 바라보는 것도, 반대로 청소년들에게는 아무 문
제가 없다, 모두 좋은 아이들이니 걱정할 필요가 없다고 생각
하는 것도, 모두 다 똑같이 잘못된 것이다.

이 통계사고의 노하우를 이용하면, 앞서 서술한 "요즘 젊은이들
은…" "남자들이란…"과 같은 획일적인 사고의 오류, 어리석음을 금
방 알 수 있을 것이다.

초조함을 해소하는 행렬대기의 통계학

계속해서, 누구나 흔히 만나는 테마를 가지고 이야기를 진행시
켜보자.

은행이나 우체국, 티켓예매소, 택시승강장, 버스정류장 등에서

우리들은 자주 행렬을 만들어 기다린다. 이럴 때 행렬의 뒤쪽에 있어 초조해하는 사람을 발견할 수 있다. 자신의 순서가 올 때까지 기다리는 수밖에 없는데, 그것이 언제가 될지 모른다. 뜻밖에 빨리 행렬이 줄어들지도 모르지만, 반대로 창구의 여러 가지 문제로 인해 마냥 기다려야 하는 경우도 있다. 행렬의 길이에도 기인하고 창구의 수도 관계된다(OR의 대기 행렬 이론).

요컨대, 줄을 서 있는 사람의 심리로 보면, 행렬이라는 것은 얼마만큼 기다리게 될지 정확히 모르는 것이다. 그러니까 특별히 다음 예정이 있을 때라면 더 초조해지는 것이다.

그런데 이런 종류의 문제에 통계사고가 크게 도움이 된다는 사실을 아는가? 적어도 안절부절못하는 일은 일단 없어질 것이다. 나는 행렬대기를 별로 좋아하지는 않지만 초조했던 기억도 별로 없다. 지금부터 소개할 행렬대기의 통계술을 사용하고 있기 때문이다. 그럼 그 비결을 설명해보겠다. 여러분도 바로 마스터하고 실행할 수 있는 간단한 방법이다.

일례로, 은행의 자동화기기 창구에 줄을 서있는 장면을 상정해보자. 이때 먼저 할 일은, 자기 앞에 줄 서있는 사람의 수를 세는 것이다. 그것도 일일이 세야 한다. 임시로 그것이 30명이었다고 하자.

다음은 시계로 그 시각을 정확히 체크해 둔다. 그리고 자기 바로 앞 사람이 자동화기기 앞에 섰을 때(행렬이 딱 30인분만큼 진행했을 때)의 시각을 다시 정확히 체크한다. 이것으로 다 됐다. 두 개의 시각을 대조하기만 하면 소요시간이 나온다. 만약 이것이 20분이었다고 한다면 20분을 30명으로 나눠 한 명당 평균 대기시간을 바로 계산할 수 있다. 이 경우는 0.67분/명(정확하게는 40초/명). 기껏해야 1분 남

짓이라는 것을 알 수 있다.

여기서 가장 중요한 것은 이렇게 간단한 사고법으로 행렬대기 시간의 평균을 파악할 수 있다는 점이다. 과연 통계사고의 놀라운 위력이 아닐 수 없다.

더 알기 쉽게 설명해보겠다.

평균을 파악하는 것이 왜 그렇게 중요한가? 그것은 평균이 이후 여러 경우에 활용, 응용될 수 있기 때문이다.

이 경우 0.67분/명이라는 숫자만 제대로 기억해두면 다음 번에 같은 은행의 자동화기기 창구에서 줄을 설 때, 얼마만큼 기다리게 될지 대개 정확히 예측할 수 있다. 임시로 자기 앞에 23명이 줄 서있다면 0.67분(40초)을 곱해 대기시간은 15분 정도라고 예상을 할 수 있다.

그것만이 아니다. 이것도 평균의 위력 중 하나인데, 평균 대기시간의 숫자는 다른 은행의 모든 자동화기기 창구에서도 비슷한 크기이고 동일한 서비스 내용을 갖는 부분이라면 거의 대용이 가능하다.

평균계산의 급소

이상의 예에 관해서 두 가지 정도 주석을 달아놓아 보려고 한다.

하나는, 평균의 계산에서는 자동화기기의 설치 대수도, 도중에 갑자기 사용정지가 되는 기계가 나와도 계산에 넣지 않고 평균대기시간을 구할 수 있다.

그러나 자동화기기의 대수가 무관하다는 것은 아니다. 간단히 말하면, 설치 대수의 많고 적음은 평균대기시간의 수준을 바꿀 수 있는 것이다. 그러니까 일반적으로 자동화기기를 여러 대 설치해 놓은

창구에서는 한두 대만 갖추어진 작은 창구에 비해 평균대기시간이 짧
아진다.

둘째, 전술한 평균의 계산에도 "하나나 소수의 데이터에 의지하
지 않고, 일정 수준 이상의 데이터를 집약한다"는 통계사고의 노하우
(139쪽 참조)가 적용되고 있다. 다시금 주의를 기울였으면 하는 점
이다.

따라서 안정되고 신뢰성이 높은 평균값을 파악하기 위해서는
가령 20명, 30명이라는 크기의 데이터를 사용할 필요가 있다. 기계가
한두 대밖에 없는 창구, 기다리는 사람 수가 4~5명 정도밖에 안 되는
경우에는 분포가 커지고 이상치가 나오기 쉽다. 그런 점까지 고려해
두면 평균의 노하우를 보다 바르게 사용할 수 있게 될 것이다.

이런 점을 감안해 행렬대기의 통계술을 이용함으로써 행렬대기
는 감정이 개입될 여지가 없는 완전한 물리적 문제로 일변한다. 따라
서 초조함이 생길 이유가 없다. 그때그때, 소요시간을 미리 계산해 책
이나 잡지를 읽거나 메모를 하는 등 생각할 거리를 정해두면 일거양
득이다.

이 통계술은 긴 행렬이 생긴 역의 택시승강장에서도, 그 밖의
다양한 행렬대기 장면에서도 똑같은 요령으로 활용할 수 있다. 게다
가 그렇게 파악해 둔 각종 평균대기시간의 데이터는 정말 용도가 넓
고 또 시간관리의 노하우로서도 크게 도움이 된다. 그야말로 일석삼
조다. 이렇게 행렬대기의 통계술은 넘쳐나는 현대인의 초조함을 말끔
히 해소해줄 최상의 신경안정제이기도 하다.

응용범위가 무궁무진한 정규분포

여기서부터 통계사고를 조금 더 발전시켜 그 응용을 살펴보자.

그것을 위해 앞에 소개한 분포와 시그마의 노하우를 새롭게 도입해본다. 이것에 의해 통계사고는 더욱 용도가 넓은 초사고로 비약될 것이다.

우선 분포는 앞에서 잠깐 설명한 대로 집단, 집합의 특성을 파악하는 매우 편리한 도구로, 그 중에서도 특히 중요한 분포가 정규분포(가우스분포)다. 사람의 신장과 체중은 평균 신장·체중을 중심으로 좌우로 균등하게 퍼지는 완만한 곡선을 이루는데(153쪽 그림 14의 ① 참조), 이러한 분포가 정규분포다. 정규분포는 형상의 안정성, 성질의 솔직함, 용도의 넓이, 계산의 용이성, 응용범위의 방대함 때문에 "분포의 슈퍼맨"이라고 해도 좋다.

사실, 분포에는 2항분포, 포아송분포, 지수분포, 기하분포, 초기하분포, 일양분포, 코시분포, 카이제곱분포 등 여러 가지 시시콜콜한 것들이 있다. 그러나 이들에는 눈길을 주지 않아도 된다. 정규분포만 제대로 알고 있으면 그것으로 충분하다.

이것만은 알아두자! 정규분포의 8대 특징

정규분포의 현저한 성질, 특징을 알아보자.

첫째, 정규분포는 좌우대칭이다. 따라서 한쪽만 생각하면 전체를 알 수 있다.

둘째, 당연히 평균(m)은 중심에 온다. 적당히 평행이동하면

m=0, 결국 평균을 원점에 둘 수 있다.

셋째, 정규분포는 좌우에 일정한 폭으로 편차를 갖는다. 표준편차는 σ시그마라고 부르기로 약속했다. 그림 14의 ①에는 평균에서 보아 좌우로 플러스, 마이너스 3시그마까지 나타나 있다.

넷째, 정규분포의 전면적은 1. 이것은 다른 분포의 경우도 마찬가지다. 여기서 여러분들은 뭔가 느낀 것이 있을 것이다. 그렇다, 이 성질 때문에 면적(=1)을 이용해 확률 계산을 할 수 있다는 것이다.

다섯째로, 정규분포의 특히 중요한 성질인데, 중심과 임의의 점 x 사이의 확률(그림 14의 ②)은 항상 일정한 값을 갖는다. 표준편차를 예로 들면 그림 14와 같다. 결국, 좌우로 2시그마만큼 가면 면적은 전면적의 95.45%가 된다. 바꿔 말하면, 2시그마 이상 어긋난 현상은 4.55%밖에 일어나지 않는다. 확률이 매우 작다는 것이 된다.

여섯째로, 이항분포, 포아송분포는 n(횟수 등)을 크게 해 실시하면 정규분포에 가깝다. n이 큰 이항분포, 포아송분포는 정규분포의 성질을 사용할 수 있다.

일곱째, 여론조사에서는 원래 집단(모집단)이 너무 크기 때문에 샘플을 갖고 조사하는 것이 일반적이다. 그런데 모집단이 어떤 분포였든 샘플 평균의 분포는 정규분포에 따른다. 정말 편리한 성질이다.

여덟째, 한정된 수의 샘플로부터 원래 집단(모집단)의 성질, 결국 평균이나 분산을 추정할 수 있다. TV 시청률 같은 것은 이 방법으로 추정되고 있는 것이다.

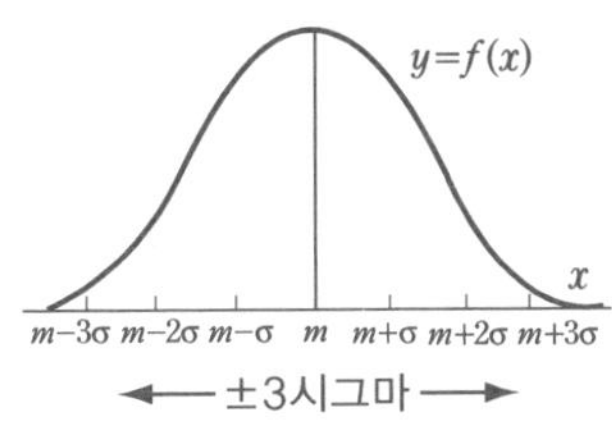

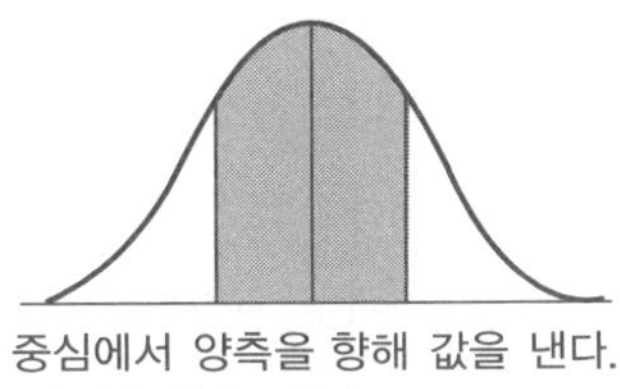

x가 $m-1\sigma \leq x \leq m+1\sigma$에 들어갈 확률 → 0.6827
x가 $m-2\sigma \leq x \leq m+2\sigma$에 들어갈 확률 → 0.9545
x가 $m-3\sigma \leq x \leq m+3\sigma$에 들어갈 확률 → 0.9973

확률의 크기를 나타내는 시그마

그럼, 시그마를 무대의 중앙으로 불러오자.

시그마는 원래 분산에서 유래해 흩어짐의 정도를 나타내는 것이었다. 그러나 실천적인 통계사고에서 시그마는 확률의 크기를 나타내는 것으로 단순히 생각해도 된다.

그림 14의 ① 아래에 "3시그마"라고 덧붙여놓았다. 결국 그것은 평균 m으로부터 ±3시그마 범위의 면적 = 확률을 나타내는데, 그런 복잡한 표현은 그만두고 그냥 "3시그마"라고 읽어버리자는 것이다.

현실에도 최근 시그마라는 말이 자주 사용되고 있다. 상품의 품질, 신뢰성의 수준을 나타내는 것에서부터 서비스의 품질, 나아가 기업 경영력의 수준까지 나타내는 것으로 이용되기도 한다.

가령 "3시그마"라고 하는 것은 확률 0.9973. 제품을 1000개 만들었을 때 양질의 제품(합격품)이 그 중 997.3개를 차지한다는 수준이다. 반대로 말하면 불량품이 두세 개밖에 나오지 않는 수준을 가리키고 있다.

최근 자주 듣는 "6시그마"는 더 우위를 달린다. 불량품이 100만 개당 불과 두세 개라는 초 수준이다. 즉 미국 기업의 경우, 모토로라, FEDEX, GE 등이 6시그마 수준에 달했다고 한다.

통계사고를 이용한 담합퇴치의 묘안

건설업계에서는 공공 공사를 낙찰하기 위해 업계 사람들이 혈안이 되어 과당경쟁으로 치닫는 경우가 있다. 급기야는 그것이 계속되어 업계 전체가 피폐해진다. 기술 수준이 저하되거나 공사감리가 소홀해지기도 한다. 이런 경우는 함께 무너지는 것을 막기 위해 어느 정도 서로 타협하고 거래를 하는 것도 허락될 여지는 있다. 이것은 담합이라기보다 오히려 조정이라는 것이 더 적당할지도 모르겠다.

그러나 현실적으로 이루어지고 있는 담합의 대다수는 완전히 변론의 여지가 없는 것들이다. 부당한 경쟁을 제한하거나 공정한 경쟁을 지향하는 업자가 공사입찰에 참여를 저해당하는 경우가 적지 않기 때문이다.

그 이상으로 더 큰 문제는 담합에 의해 특정 업자, 그룹이 부당이득을 취하고 세금 등이 개인의 배를 채우기 위해 사용되어 버리는 것이다. 과거의 온갖 담합에 의해 도대체 얼마나 많은 돈이 그들의 뱃속으로 들어갔는지 상상하는 것만으로도 두려워진다.

그렇다면 이런 담합을 막을 방법은 전혀 없는 것일까?

일본 가나가와神奈川현의 요코스카橫須賀시가 새로운 입·낙찰 시스템을 연구해 효과를 올리고 있다고 해 화제가 되었다. 이렇게 지혜를 짜내면 "담합해충"을 퇴치하는 묘안은 반드시 나온다. 초사고법을 시도해보는 사례 연구라고 할 수 있겠다.

그래서 통계사고를 이용해 세상에 만연한 담합에 대항해보면 어떨까?

먼저, 낙찰 예정가격이 사전에 누설되어 거의 그것에 딱 맞는 입찰을 한 업자가 낙찰한다. 가령 98%, 99%, 때로는 99.9%인 경우도 적지 않게 있다. 그런 의혹의 사건이 속속 일어나고 있다. 너무나 속이 시커먼 경우지만 꼬리를 잡히지 않고 빠져나가버리는 업자도 있다.

이것에 대한 최상의 방지책은 낙찰 예정가격에 대해 "2시그마" 이상의 확률로 입찰한 업자에게 입증책임(자기에게 유리한 사실을 주장하기 위해 법원을 설득할 만한 증거를 제출하는 책임)을 지우는 것이다.

조금 더 알기 쉽게 설명하면, 입찰 시스템의 경우, 취지에 입각해 그것에 응찰하는 업자는 사전에는 절대로 낙찰 예정가격은 알지 못할 것이다(낙찰 예정가격을 공표하는 경우도 있지만).

완전히 비밀로 되어 있는 예정가격에 대해 응찰업자는 원가를 쌓아올리고 그것에 정책적인 배려도 감안해 응찰가격을 정한다. 그런 식으로 응찰한 가격이 낙찰 예정가격과 거의 일치하는 일은 원래 있을 수 없는 것이다.

'2시그마(0.9545)', '3시그마(0.9973)'라는 수준은 생산라인에서 정성 들여 계획, 표준화되고 관리되어야 비로소 달성할 수 있는 수준이다.

만약 입찰가격이 그런 수준에서 낙찰 예정가격에 일치한다면 이상하다고 생각해야 맞을 것이다. 그러니까 그렇지 않은 것을 입증하는 책임을 그 낙찰업자에게 지우는 것이 이치에 맞는 것이다.

더욱 엄격한 강경책도 있다. 가령 '3시그마'의 낙찰은 부정이 있다고 단정하고 어떤 반론도 허락하지 않고 무조건 그 업자를 실격시키는 방법도 있다.

이것은 정말 효과가 크다. 결코 업자 따돌림도 아니면서 부당한 이득을 챙기는 부정업자를 배제할 수 있어 시민들로부터는 물론 업자들로부터도 고맙다는 말을 들을 만한 묘안이라고 할 수 있다.

담합방지를 위해 또 하나 손을 써보기로 하자.

내가 아는 행정실무자의 이야기에 의하면, 낙찰률이 예정가격의 90% 이상이라면 꽤 이상한 담합이 이루어지고 있는 것이라고 한다. 그러나 현실적으로는 손을 쓸 수 없다고 한다.

이 문제에 대해서는 데이터를 모아 분포를 파악하고 평균, 분산의 노하우를 사용하면, 충분히 행정적으로 대처할 수 있다. 자세한 설명은 생략하고, 예를 들어 데이터가 낙찰 예정가격 부근에 현저히 집중되어 있거나 정규분포와 동떨어진 비정상적인 분포를 보이는 경우는 논리 실증적으로 숫자를 제시해 부정을 증명할 수 있을 것이다.

단, 이런 방법에는 법률도 관련된다. 앞서 서술한 입증책임의 문제와 아울러 현행법의 틀 안에서 대처할 수 있는 것과 불가능한 것을 확실히 해나가는 것도 필요할 것이다.

제7장

생활이나 업무와 직결되는
실용사고술

실무를 척척 해치우는 사고법

부고 소식을 들었을 때, 실무 감각이 뛰어난 사람은 무엇을 생각할까

7장에서는 이제까지의 장과는 취지를 약간 달리하여 생활이나 업무와 직결되는 매우 유익한 사고법을 소개하려고 한다. 우리들이 생활자로서 세련되게 살아가기 위해, 또 샐러리맨을 비롯한 직장인들이 비즈니스에서 성공하기 위해서라도 반드시 마스터해 두었으면 하는 사고법이다.

실용사고라고 총칭하는데 이제까지 예로 들어왔던 사고법과 마찬가지로 뇌의 여러 부분을 사용해 생각하는 것에는 큰 차이가 없다. 그러나 두뇌 활용법에서는 다른 사고법과 현저하게 다른 점이 있다.

이 사고법의 첫 번째 특징은 실무적인 성격이 매우 강하다는 것이다. 이 측면에 착안하여 실무사고라고 부를 수 있다.

아는 사람의 부고 소식를 들었다고 해보자. 맨 먼저 어떤 생각이 떠오를까? 즉 우리의 뇌는 어떻게 반응할까? 친하고 친하지 않고의 정도에 따라 달라지겠지만 만감이 교차할 것이다.

자기도 모르게 말문이 막혀버린다거나 충격을 받기도 한다. 건강했을 때의 모습이 눈에 선하고 숙연해진다, 눈물이 앞을 가린다, 명복을 빈다, 이 정도가 보통의 반응일 것이다.

그런데 실무사고에 철저한 사람의 경우, 상당히 다른 반응을 보인다. 극단적으로 표현하는 쪽이 금방 와 닿을 거라고 생각하는데, 이러한 감개에 젖는 것은 잠시, 곧바로 머리는 실무적으로 움직이기 시작한다.

밤샘과 장례식은 언제인지, 장소는 어딘지, 그밖에 나서서 알려주어야 할 사람은 없는지, 장례식은 불교식으로 하는지 기독교식으로 하는지, 부의금은 얼마나 하는 것이 좋은지, 상복은 세탁해 두었는지 등등.

회사의 총무나 인사 부문에는 이렇게 경조사에 통달한 사람이 적지 않게 있어 만사를 빈틈없이 척척 진행시켜 나간다. 그들에게 있어서는 그것도 일 못지않게 중요한 사항인데, 이렇게 실무 감각을 살려 원활하게 일을 처리한다는 느낌으로 어떤 사항에 대해 생각하고 편성하는 것이 바로 실무사고다.

이 장에서 소개할 실용사고에는 이러한 현실적, 합리적인 성격이 공통적으로 보인다. 따라서 크게 도움이 될 것이다.

지식과 체험을 근거로 실무사고는 정착한다

그럼, 이러한 실무사고는 어떻게 만들어지며 뇌 안에 어떻게 정착하는 것일까?

실무사고는 우리들이 보통 종사하는 다양한 실무와 직결되는 지식, 기술이 핵심적으로 정리되어 작용한다. 전문적인 지식이나 기술도 여기에 포함된다. 최소한 그것을 간과하고서는 실무사고를 결코 익힐 수 없을 것이다.

동시에 실무체험의 축적도 중요하다. 가령 관혼상제의 관습에 통달하려면 그런 종류의 책을 읽는 것만으로는 불충분하다. 역시 그런 자리에 자주 참석해 기본 예절이나 응용 동작을 몸소 체험하는 것을 빼놓을 수 없다.

그런 식으로 필요한 지식이나 체험이 제대로 몸에 붙고, 거의 반사적으로 머리가 작용하는 수준에까지 가야 비로소 실무사고가 정착했다고 할 수 있다.

실무를 중시하는 견해나 가치관을 갖는다

실무사고가 정착하려면 제 2장에서 서술한 사물을 보는 방식이나 가치관도 어떤 의미에서 중요하다. 무엇을 보고 듣든, 결국 일과 관련지어 생각한다는 것은 사물을 보는 방식의 역할이다. 사물을 보는 방식이 가능한지 아닌지에 따라 그것이 가능한 사람은 실무사고를 쉽게 익힐 수 있고, 불가능한 사람은 좀처럼 익혀지지 않을 것이다.

가치관도 마찬가지다. 일을 중요하게 여기면 여길수록 업무와 직결된 실무사고를 자연스럽게 하게 된다. 반대로 실무적인 것에서 가치를 찾을 수 없는 사람은 언제나 실무적 측면을 경시하거나 소홀히 하기 때문에 그런 종류의 사고법이 뿌리내리지 않는다.

관점을 바꿔 말하면 실무사고는 제도나 룰, 질서를 중시하는 사고다. 그런 구상에는 사고를 속박하는 폐해도 있지만 현실적이고 안정감 있는 사고의 스타일을 만들어내기 위해서는 매우 유효하다.

또 이것은 어떤 이유인지는 몰라도 간과되기 쉽지만, 실무에는 일정한 순서나 절차가 불가결하다. 순서화 사고에 대해서는 뒤에 다시 설명하겠지만, 실무를 처리할 때의 순서나 절차에 충분히 통달해 두는 것도 실무사고를 마스터하기 위해 필요하다.

선우후락(先憂後樂)을 행동의 기본 룰로

더욱이 강한 역할의식, 목적의식, 책임감, 의무감 등이 있으면 있을수록 그만큼 실무사고가 금방 익혀진다. 이들은 상호 보완되고 대체될 수 있는 관계에 있다. 가령 목적의식이 남보다 뛰어나다고 해도 좋고, 목적의식이나 역할의식은 희박해도 책임감이나 의무감이 강하면, 역시 실무사고는 가능하다는 것이다.

이것과 관련해 '힘든 일을 먼저, 쉬운 일은 나중으로'의 룰을 소개해볼까 한다. 싫은 것을 나중으로 미루지 않고 먼저 처리한다. 그런 순서로 일을 처리하고 즐거움은 나중으로 미뤄둔다는 의미의 룰이다.

실무사고가 가능한 사람들은 예외 없이 이 룰을 실천하고 있다. 좋아하는 것만 골라 취하거나 하지 않고 싫은 일, 부담스런 일도 담담하게 대처하며 처리해나간다. 그래서 그들은 확실히 안정된 성과를 올리고 주변의 신뢰도 두터운 것이다. 역할의식, 목적의식, 책임감, 의무감의 유무도 관계 있지만 실무사고를 마스터하려면 '힘든 일을 먼저 하고 쉬운 일은 나중으로'의 행동지침이 무엇보다 도움이 된다.

나 역시 원고를 쓸 때도 이 룰을 철저히 지킨다. 언제든지 쓸 수 있는 부분은 나중으로 하고 어쨌든 어려운 테마, 쓰기 어려운 부분부터 부딪쳐나간다. 당연히 처음 얼마 동안은 괴롭겠지만, 그 시기를 뚫고 나가면 나중에는 가속도가 붙어 편해진다. 어렵다고 뒤로 미뤄두면 여전히 중요한 것은 해결되지 않고 점점 더 괴로워질 뿐이다. 생각하는 힘이나 업무능력도 향상되지 못할 것이다.

지금까지 설명한 것들은 실무사고의 감각이나 능력을 기르는 노하우로도 크게 활용할 수 있으니 반드시 시도해보기 바란다.

일을 처리할 때 빼놓을 수 없는 순서화 사고

어떤 사항을 순서를 정해 생각하는 사고법을 나는 '순서화 사고'라고 부른다. 업무와 같은 실무적 테마를 순서라는 시점에서 분석한다. 순서를 정하고 궁리해 개선한다. 최적의 순서에 따라 일을 처리한다. 모두 순서화 사고다.

누구나 알 수 있는 예를 들어보자. 집안일을 정리해나갈 때, 부엌일을 모아서 정리하는 것이 순서화 사고의 발상이다. 임기응변식으로 가사 일을 처리해 나가면 능률이 훨씬 떨어진다. 부엌일을 하다가 손을 닦고 전화를 걸고 또 다른 부엌일을 하고 손을 닦는다. 그리고 뭔가를 좀 쓰다가 다시 부엌일을 하고 손을 닦는다. 아무리 봐도 순서가 잘못된 것 같은데, 아무렇지 않게 이 방식을 반복하고 있는 사람이 의외로 많다.

또 한 가지 예를 들어보자. 현관을 청소하고 현관에 이어 정원 손질을 하고 그 구석에 있는 수납공간에 청소도구를 넣거나 안을 말끔히 정리한다. 이런 식으로 서로 관련된 작업을 연결시켜 물 흐르듯이 처리해 나가면 능률은 현저하게 오른다.

비교하기 쉽도록 이런 경우도 함께 보자. 현관을 청소하기 시작한 시점에서 갑자기 무슨 생각이 떠올라 2층 베란다로 올라가 수납공간 안을 부스럭부스럭 뒤진다. 현관 청소는 하다 만 채로 이번에는 정원 손질을 시작한다. 또 다른 것을 떠올리고 2층으로 돌아간다. 그리고 다시 정원으로 향한다.

둘을 비교해보면, 차이는 너무나 확연하다. 그 차이는 요컨대 순서의 좋고 나쁨에 의해 정해진다. 그런 이유로 실무사고, 나아가 실용사고 전반에서 순서화 사고는 빼놓을 수 없는 큰 체크포인트가 된다.

비즈니스, 매니지먼트의 세계에서는 순서화 사고가 무엇보다 중시되고 있고, IF, QM, 업무분석, PERT, 리엔지니어링, 공정설계와 같은 분야에서는 플로 차트 (작업공정도)와 같이 업무의 흐름을 알기 쉽게 표로 나타낸 도구가 많이 이용되고 있다.

순서화 사고를 진행시키는 기본 노하우

순서화 사고를 잘 진행시키려면 어떻게 하면 좋을까? 그 점에 대해서 몇 가지 방법을 제시해 보려 한다.

① 성격이 비슷한 작업은 가능한 한 따로따로 하지 말고 한 덩어

리로 처리한다(전술한 부엌일의 예).

② 처리할 테마는 완수하기 쉬운 작업 단위로 분해한다. 그러면
   순서화가 쉬워지고 능률이 오른다.

③ 장소의 이동거리가 가능한 한 짧아지도록 순서를 생각한다.
   가까운 것에서 먼 것, 인접한 것에서 떨어져있는 것과 같은
   룰로 처리하면 된다.

④ 전후관계가 분명한 복수의 사항은 반드시 그 순서를 지켜 진
   행한다.

⑤ 이상을 실행한 결과, 불편한 순서가 발견되었다면 순서교체
   를 해서 순서의 단축화를 꾀한다.

⑥ 마찬가지 방법으로 쓸데없는 작업들을 차츰 줄여나간다.

순서화 사고의 쓰임은 매우 다양하다. 또 이것을 습관화함으로
써 시간의 절약, 작업의 속도 향상, 생산성 향상, 비용 절감 등 다양한
성과를 기대할 수 있다.

요령 있게 비즈니스 전화를 하는 요령

친구나 연인을 상대로 한 전화라면, 특별히 갖추어야 할 것 없이 평소처
럼 스스럼없이 대화를 즐기면 된다. 그러나 업무상 전화도 이런 어조로 한
다면 조금 곤란하다. 장황한 전화가 상대의 귀중한 시간을 빼앗고 폐를 끼
치는 경우도 적지 않다. 사적인 수다 전화와 공적인 전화는 분명히 구별해
야 한다.

업무의 장면에서는 용건 위주로 전화를 걸고 효율적으로 요령을 터득한

커뮤니케이션을 염두에 둘 필요가 있다. 따라서 편안한 수다 전화라면 생각하지 않아도 되는 것을 몇 가지 생각해 두어야겠다. 그러한 실무사고가 바탕에 깔려 있는지 아닌지로 전화 커뮤니케이션의 효과에 커다란 차이가 생긴다.

이런 관점에서 스피디하게 용건 위주로 전화를 걸기 위한 비결을 보자.

① 중요한 용건과 그렇지 않은 것을 머릿속에서 분류한다.

② 용건의 수와 테마를 정한다.

③ 복수의 용건이 있을 때는 그것들에 우선순위를 붙여 정리한다. 이야기하는 순서를 대강 정한다. 이 사고 과정에서 우선순위가 낮은 것은 생략해도 된다.

④ 이야기할 내용, 이야기의 포인트를 머릿속으로 어느 정도 정리한다.

⑤ 더 신중을 기하려면, 요점을 빠뜨리지 않도록 제목 정도는 간단히 메모해둔다.

⑥ 이상의 준비(실제로는 그렇게 시간이 걸리지 않는다. 기껏해야 몇 분 정도일 것이다)를 하고 나서 상대에게 전화를 건다.

다음은 실제로 전화 통화를 할 때 도움이 되는 중요한 노하우를 소개하겠다.

용건 위주란 결론을 중점에 두라는 것이기도 하다. 얼굴을 직접 맞대고 하는 커뮤니케이션의 경우보다 전화상에서는 결론을 조목조목 먼저 말하는 습관을 들이면 좋겠다. 현실에서는 이것이 잘 안 되는 사람이 적지 않은 것 같다.

그리고 잘 정리해 전화를 하는 것이 어려운 상황이라면 "한 번에 한 건"의 룰을 이용해보자. 결국 정리해서 요령 있게 이야기하는 것이 가능한 용건 항목을 하나만 이야기하는 것이다. 그 나머지도 정리가 되었을 때 하나씩 전화를 건다. 두세 번 해야 하니 번거롭겠지만 장황하고 요령 없는 내용이나 진의가 상대에게 올바르게 전달되지 못하는 전화보다는 훨씬 낫다.

나도 "한 번에 한 건" 룰을 자주 사용하고 있다. 기동적이고 효율적이며 매우 실천적인 노하우라고 할 수 있다.

2 실수를 미연에 방지하는 확인사고

일상생활에 다양하게 존재하는 확인작업

실용사고 중에서 무엇보다 중요한 위치, 커다란 비중을 차지하는 것으로 확인사고가 있다. 만약 사고의 아마추어와 프로를 구별하라고 한다면, 사고의 아마추어가 가장 경시하고 종종 멸시하는 것이 확인이라는 사고작업이다. 이것에 대해 사고의 프로는 확인사고를 무엇보다 중시한다. 사고작업의 내역에서 확인이 차지하는 비중은 예상 외로 크다.

일상생활에서 확인작업은 흔히 있다. 생각나는 대로 적어보면 다음과 같다. 전화상의 "복창(~이군요, ~가 3개죠? 등등)", 현지나 회의장 등의 "사전답사", 숫자의 "검산", 기계 설비 등의 "점검", 재고품의 "재고정리", 차량의 "시운전", 인쇄물의 "가제본", 데이터의 "조회", 정보의 "확실한 증거조사", "정기건강진단"…

언어야말로 위대해서 어느 것이나 그 본질에 확인이라는 것이 존재하는 데 차이는 없다. 그러고 보면 확인작업이 필요한 경우는 생각보다 많다는 것을 알 수 있다. 따라서 확인사고는 모든 일상생활과 업무의 곳곳에서 크게 도움이 되는 것이다.

확인을 소홀히 해서 오는 돌이킬 수 없는 후회

확인사고 하면 고리타분하고 까다롭다는 인상이 먼저 떠오른다. 가령 앞에 나열한 검산도 확인작업의 하나인데 계산에 오류가 있는지 없는지를 체크해 만약 오류가 없다면 확인의 역할은 끝난다.

결국 확인사고란 "만일을 위해 만전에 만전을 기하는" 사고법이다. 그런데 이 사고는 그리 눈에 띄지 않는다. 확인사고에 의해 특별히 부가가치가 붙는 것도 아니다. 그 점이 화려한 아이디어를 끄집어낸 듯한 다른 사고법들과 본질적으로 다른 점이다.

그러나 확인을 게을리 한 결과는 결코 무시할 수가 없다. 그야말로 "한 번의 실수가 평생을 그르친다"고 할 만한 중대한 결과를 불러오는 경우도 적지 않다.

조금 오래된 얘기인데, 어느 지방자치단체의 해안보호공사에 입찰한 건설업자가 입찰가격 50만 엔이라고 써야 할 곳에 500엔이라고 잘못 기입한 것을 확인하지 않아 최저입찰가격으로 낙찰된 일이 있다. 500엔짜리 하나로 울며 겨자먹기 식으로 해안보수공사를 받아들일 수밖에 없었다고 한다. 담당자나 책임자가 만일을 위해 확인했더라면 쉽게 막을 수 있는 실수였다. 그 밖에도 확인착오로 중대사고가 일어난 경우를 열거하자면 일일이 들기도 어렵다.

일 잘하는 사람일수록 확인사고를 게을리 하지 않는다

확인사고에는 화려함은 없지만 뛰어난 안정성과 신뢰성이 있다. 만사에 정확히 확인을 하면서 생각을 진행시켜 나감으로써 사실오인이나 착오, 그 밖의 다양한 실패를 막을 수 있다. 실수에 의한 화재 같은 중대사고도 없앨 수 있다. 실무가나 사고의 달인은 그것을 잘 알고 있고, 그래서 확인사고를 게을리 하지 않고 열심히 행한다.

반대로 확인사고를 가볍게 생각하는 사람일수록 일을 잘 못하는 사람이 많은 것 같다. 그것도 당연하다고 할 수 있다. 확인작업이 없는 일에는 실수가 발생할 가능성이 아무래도 높다. 따라서 일처리를 그렇게 하는 사람의 경우 어딘가 위태로워서 안심하고 일을 맡길 수 없는 부분이 있다.

확인사고를 제대로 습관화하기 위해서 기억해야 할 것은 결국 확인이 요점의 하나라는 것이다. 그러니까 일의 급소를 파악한 다음에라도 확인을 등한시해서는 안 된다.

100퍼센트 안심! 내 불씨 확인법

내가 일하는 사무실은 작은 아파트의 방 한 칸을 개조한 것인데, 밤에 퇴근할 때 가스나 난방기의 스위치만은 무슨 일이 있어도 꺼야 하며 그걸 잊어서는 안 된다. 아파트에는 20명 이상의 주민들이 살고 있으므로 만일 화재라도 일어난다면 큰일이기 때문이다. 만에 하나라도 끄는 걸 잊지 않도록 해야 하므로 확인사고가 절대적으로 필요하다.

그런데 스위치를 끈다는 것은 극히 단순한 작업이므로 반은 무의식적으로 하는 적도 많다. 그래서 더 위험하다고도 할 수 있다. 밖으로 나온 다음에야 "아참, 가스 밸브를 잘 잠갔나?"하고 깨닫기도 한다.

이것은 "아마 괜찮을 거야"라고 지나쳐버려도 좋을 문제가 아니다. 만약 불이 붙기라도 한다면 이미 돌이킬 수 없는 상황이 되고 만다. 그럼, 그런 일이 일어나지 않도록 하려면 어떻게 해야 할까?

무의식이나 기억에만 의지해서는 완전하지 않다는 것은 분명하다. 나이가 들면 조금 전에 한 일조차 기억하기 힘들어지는 경우도 있다. 그래서 내가 쓰고 있는 방법은 스위치를 껐는지 끄지 않았는지 주의하는 것만으로 끝내지 않고, "껐다, 껐다, 껐다"라고 세 번 소리 내어 말하는 방법이다. 이런 방법을 실행하고 있는 사람은 의외로 많지 않을까 생각한다. 분명히 이렇게 하면 100퍼센트 안심할 수 있고 깔끔한 기분으로 돌아갈 수 있다.

그러나 아주 가끔이지만, 세 번 소리내어 확인하는 작업을 잊어버리는 경우가 있다. 그럴 때는 어떻게 할까? 이미 몇 백 미터 정도 사무실에서 떨어져 있더라도 바로 되돌아간다. 이번에는 스위치를 껐는지 안 껐는지 눈으로 보아 안전을 확인한다. 이것 또한 확인사고다.

3. 현명한 세상살이(처세)를 위한 사고법

"주고받기"의 사고가 손익사고의 기본

실용사고 중에서 무엇보다 무미건조한 성격을 갖는 것으로 손익사고가 있다. 이것은 자신에게 손해인가 득이 되는가, 회사에 득인가 손해인가? 이렇게 언제 어디서든 어떤 것에 대해서도 손익의 관점에서 생각하는 사고법이다. 조금 인색하다는 느낌도 들지만, 직선적이고 명쾌하고 합리적이기까지 하다. 기업의 경영관리자나 상업에 종사하는 사람은 일부 예외를 제외하고 다소의 차이는 있되 손익사고를 실천하고 있다.

손익사고 중 우리에게 가장 친숙한 것은 주고받기give & take의 사고방식이다. "남에게 주지는 않고 거두어들이기만 하는" 뻔뻔스럽고 염치없는 상도도 요즘 세상에는 적지 않겠지만, 보편적으로 그렇게 해서는 통용되지 못한다. 파는 측과 사는 측이 있어야 성립되는 비즈니스에서 아무것도 주지 않고 전부 자신이 취하는 것으로는 관계가 일단 오래가지 못한다.

정확히 50대 50으로는 성립되기 어렵겠지만 "당신에게도 그만큼 드리겠습니다만, 저도 그만큼 받겠습니다"라는 주고받기 룰이 가장 공평하고 이치에 맞아 손익사고의 기본으로 봐도 좋다.

토요타를 소홀히 여겨 실패한 철강회사

상품을 매매하는 경우로 한정해보면 이해는 더욱 빨라진다. 이때는 손익사고로 일을 진행시킬 수 있다. 원가 20만 엔인 것을 25만 엔에 팔면 5만 엔의 이득, 15만 엔에 팔면 5만 엔의 손실이 발생한다. 그러나 손익사고를 철저히 지켜 인간관계, 취직, 결혼, 그 밖에 모든 일을 손익으로 생각하는 응용의 경우에는 손익사고도 보통 방법으로는 잘 먹히지 않는다. 주고받기라는 기본 룰이 있긴 하지만 여러 가지 지혜를 발휘하지 않으면 안 되는 경우도 생긴다.

가령, 자기 사업에서 나중에까지 손해인지 이득인지를 기준으로 교제할 상대를 선택하는 사람이 있다. 하지만 상대가 인간일 때는 물건을 사고 파는 것처럼 주판알을 튕겨보는 것만으로 손익을 깔끔하게 점칠 수 있는 것은 아니다. 계산착오라는 것도 있다.

그러므로 너무 단순하게 손익을 생각해 지나치게 딱 부러진 결정을 내리는 것은 조금 위험하다고 할 수 있다. 단순히 계산해 숫자를 대조한다면 손익의 답이 나오겠지만, 대인관계에서 그런 경우는 오히려 적다고 생각하는 편이 낫다.

인간관계에 한정하지 않고 업무의 세계에서도 사실은 같은 것이 적용된다.

토요타자동차라고 하면 지금은 세계 굴지의 최고 기업이지만 전후 한참 동안 어려운 살림을 꾸려나가던 적이 있었다. 그 시기, 어느 철강회사는 토요타의 강판공급 요청을 냉정하게 거절했다. 그것이 나중에 발목을 잡아, 토요타가 급성장하고 나서도 그 회사는 토요타와 거래하지 못했다. 눈앞의 손익사고만으로 큰 비즈니스 기회를 놓쳤던 것이다.

이런 실패도 있으므로, 거듭 말하지만 단락적인 손익사고는 금물이다. 당장 얻어 보려는 생각이 사실은 큰 손해를 입히는 경우도 인생에는 적지 않게 생기는 것 같다. 따라서 더 탄력적이고 현명한 손익사고를 익히는 것이 필요하다.

눈앞의 물질적, 금전적 손익에만 얽매이지 말라

우선 손익을 물질적 손익, 특히 금전적 손익으로 환원해 생각하는 견해에서 탈피하지 않으면 안 된다. 인간관계를 비롯해 세상에는 금전적 가치만으로 손익을 잴 수 없는 것이 많이 있다. 그런 것까지 같은 잣대를 사용해 무리하게 획일적으로 대응하려고 하니까 이상하게 된다.

또 시간적 척도도 크게 관계한다. 이 점에도 둔감해서는 안 된다. "가는 토끼 잡으려다 잡은 토끼 놓친다"는 속담이 있다. 나무만 보고 숲은 보지 못하는 것처럼 눈앞의 손익만을 좇다가는 종종 실패하게 된다.

그릇된 손익사고를 하지 않기 위해서는 중장기적인 관점에서 생각하는 것도 중요하다. 그런 견해가 가능해지면 "단기적으로는 손해를 입어도 지금은 이렇게 하자"는 유연한 사고방식이 생긴다.

① 물질적 손익만으로 사항을 추측하지 않는다.

② 먼 안목으로 보아 손해인지 득인지 생각한다.

이 두 가지 점을 마음먹고 실천하는 것만으로도 훨씬 유연한 손익사고가 가능해진다.

다시 토요타자동차의 경우를 보자. 앞에 말했던 양상으로 토요타는 자금조달에도 고심하고 있었다. 그때, 궂은 날이 있으면 화창한 날도 있다고, 일본은행 나고야지점장 다카나시다케오高梨壯夫가 주변의 반대를 무릅쓰고 토요타에 긴급 융자할 길을 마련해주었다. 그의 결단이 없었다면 토요타는 어떻게 되었을지 모른다. 과연 훌륭한 결단이었는데 그의 결단은 결과적으로 보아 옳았던 것이다. 이런 것이 진정한 손익사고이다.

요컨대 토요타는 그의 손익을 따지지 않는 도움을 잊지 않고 나중에 산고초려를 다해 그를 그룹 판매회사의 톱으로 초빙한다. 정말 마음 따뜻해지는 미담이 아닐 수 없다.

대인관계에서는 "주고주기"도

세련된 손익사고를 하기 위해서는 어떻게 하면 좋은지 충고를 덧붙여보려고 한다.

"주고받기"의 룰도 천편일률적으로 할 것이 아니라 융통성 있게 지혜를 살려 사용했으면 한다. 때로는 "주고주기give & give"의 룰도 이용해보는 것이 그 하나다. 받으면 곧바로 되돌려준다거나 매사에 교환조건을 내세우는 성급한 사고를 버리고 성심성의껏 상대를 위하는 배려를 잃지 않는 것도 인간관계에서는 매우 중요하다.

이것이 주고주기 룰이다. 얼핏 보기에는 바보 같고 손해 보는 것 같지만, 그런 태도나 사고법이 나중에 가서는 생각지도 못했던 커다란 결실을 맺게 해주는 경우가 현실에는 얼마든지 있다.

특히 사람을 상대로 하는 경우에는 더욱 그렇다. 주고받기는 대단히 합리적인 룰이고, 수학방정식처럼 계산하는 것도 가능하지만, 인간관계에서는 이 방정식조차 성립되지 않는 경우도 많다.

인간관계는 결코 손해냐 이득이냐의 2가치 사고만으로는 나눌 수 없다. 인간관계에는 방정식보다 오히려 "게임이론"이 더욱 자주 적용된다. 이해타산적이어서 둘 다 손해를 보는 경우도 있고, 혹은 양쪽 모두 이득을 보아 크게 성장하는 경우도 무수히 많다.

현명한 자는 막판에서 웃는 자다

화제를 바꿔 승부나 교섭사항에서는 선수를 치는지 후수를 두는지가 결과를 크게 좌우한다. 상식적으로는 선수를 치는 쪽이 대부분의 경우에서 매우 유리한 입장에 선다.

그러나 이 원칙에 적용되지 않는 것처럼 보이는 경우도 현실에는 있다. "막판 뒤집기"라고 하는 것이 그것이다. 어느 국면만 보면 분명히 후수를 두고 있는 것이겠지만 그것이 나중으로 나중으로 이어져 막상 중요한 부분에서는 선수를 칠 수 있다. 상당히 고차원적인 작전으로 깊은 지혜가 담겨 있다. 눈앞의 일만 생각하고 있다면 막판뒤집기의 발상은 좀처럼 떠오르지 않는다. 앞의 앞까지 내다보며 읽는 것도 필요해진다.

내가 목격한 재미있는 경우를 소개해 보겠다.

그리 점잖지 못한 얘기이긴 한데 몇 년 전 여름, 심야에 차를 몰고 섬으로 해수욕을 하러 간 적이 있다. 교통정체의 대열에 끼는 것을 피하기 위해서였다. 야간이라서 도로가 텅 비어있는 것을 다행으로 여기고 상당히 속도를 내서 달린 덕분에 새벽 4시경에는 목적지 부근까지 올 수 있었다. 과연 한쪽 2차선 도로도 차들이 뜸했다.

교차로에 막 들어섰을 무렵 신호가 적신호로 바뀌었다. 나는 (뒤에 따라오는 차는 없지만) 좌측 차선의 선두에서 기다렸다. 그 직후, 또 한 대의 차가 오른쪽 후방에서 달려와 2차선에 멈췄다. 그런데 그것이 정지선에서 10미터 정도 못 간 묘한 위치였다. 순간 '왜 저러지?'라고 생각했지만 얼마 지나지 않아 그 이유를 알 수 있었다. 교차신호가 적신호에서 중간신호(노란불)로 바뀌자마자 그 차는 서행하기 시작했다. 그리고 내가 청신호로 바뀐 걸 보고 차를 발차시켰을 때는 그 '라이벌 차'는 충분히 가속이 붙어 있었고 이미 훨씬 앞으로 나아가 달리고 있었다. 도로가 텅 비어 있어서 가능했던 곡예였겠지만 '음, 꽤 영리한 녀석이로군'이라고 넌지시 감탄했던 기억이 난다.

그야말로 막판 뒤집기의 극치라고 할 수 있겠다. 그 영리한 운전자는 후방에 진을 치고 있던 것으로 분명히 일단은 후수에 머물러 있었지만 그 자리잡기는 그 후 신호가 청신호로 바뀐 시점에서 선두를 가르는, 결국 선수를 치기 위한 최강의 방법이었다고 해도 좋겠다.

목적의식을 명확히 하라

이야기를 일반화해 막판 뒤집기로 성공하기 위한 노하우를 들어두겠다.

먼저 목적의식을 분명히 하는 것이 무엇보다 중요하다. 그것이 있으면 무턱대고 선수를 치는 것에 얽매이지 않고 후수를 밟으면서 소기의 목적을 달성하는 것이 가능해진다. 이 경우, 다음 세 가지의 사고를 조화시켜 최선의 목적을 정하면 된다.

① 어디까지나 최후에 이기는 것에 초점을 맞춘다.

② 종합적으로 이기는 것을 최우선으로 한다. 처음에 몇 연패를 해도 마지막은 7전 8기로 상대를 뛰어넘는 사고방식이다. 그야말로 처음에는 일부러 연패해 상대를 안심시켜 놓고 그 사이에 상대를 차분히 연구해 후반에 승부로 나서는 작전도 취할 수 있는 것이다.

③ 최종 골이나 종합적인 성과가 아니라 그 이외의 "바로 이것!"이라고 생각되는 급소를 찌르는 승부를 최우선으로 한다. 지는 싸움에서는 깨끗이 피할 수 있지만 승패의 분기점이 되는 싸움에서는 어떤 짓을 해도 이긴다는 것이다. ≪삼국지≫의 위나라 조조는 이 전략적 승부술로 패권을 장악했다.

목적을 분명히 했다면 현상을 가능한 한 정확히 파악하도록 노력해야 한다. 이것이 소홀해지면 아무리 훌륭한 목적이 있어도 현실과 동떨어져 현실적으로 곤란해진다. 한편 아울러 그 앞일까지 예측해 읽어내는 것도 중요하다.

"급할수록 돌아가라"의 중요성

계속해서 목적달성을 위해 능숙하게 후수로 돌아갈 궁리를 하자.

마라톤 경주에서 톱 주자는 처음부터 앞으로 뛰어나가지는 않는다. 집단 속에서 만반의 준비를 갖추고 대기하면서 선두로 나올 최적의 타이밍을 가만히 엿보고 있다. 우리도 그런 승부술을 배웠으면 한다.

"급할수록 돌아가라"는 말도 매우 실천적이고 유익한 노하우다.

일례를 들면, 많은 양의 계산을 할 때 조바심이 나기 때문인지 검산을 하지 않는 사람들이 많다. 그런 까닭에 계산이 빨리 끝나 능률이 오르는 것처럼 보이지만 이런 위험한 흉내는 결코 내지 않는 것이 좋다.

그것에 비하면 검산하면서 계산하는 것은 얼핏 보기엔 작업이 느린 것 같지만 그만큼 실수가 적다. 한편, 검산을 하지 않으면 실수가 발생했을 때 출발점으로 돌아가 다시 하지 않으면 안 된다. 또 계산이 맞지 않을 때 어디서 실수가 발생했는지 찾아내는 데 매우 수고스럽기도 하다.

결국 토끼와 거북이의 경주처럼 대개의 경우 검산하면서 계산하는 쪽이 골에는 빨리 도착할 수 있다. 정말 '막판 뒤집기'다.

도중에 반격하는 힘을 기르자

마지막으로 한마디 덧붙여두겠다.

경마에는 선행마(선행으로 달리다가 따라붙기 전에 결승점에 들어가 이기는 도주마)와 추입마(막판 스퍼트를 이용해 최후에 빠져

나가는 것이 특기인 말)가 있다. 만약 막판 스퍼트가 약한 선행 스퍼트 타입의 말이 중간 지점을 넘어서도 후방에서 우물쭈물하고 있다면 일단 이길 승산은 없는 것으로 봐야 한다. 그것과 마찬가지로 후수를 두어도 어느 시점에서 반격을 하고 나설 만한 힘이 없다면 막판에서 실패할 우려도 많이 있는 것이다.

따라서 막판에서 이기기 위해서는 자신의 힘을 올바르게 살펴 두는 것도 빼놓을 수 없다.

# 숫자에 강해지는 간편계산술

약간의 지혜만 발휘하면 가볍게 속산

실용사고의 노하우에서 최고로 손꼽는 것은 숫자에 강해지는 노하우일 것이다. 숫자에 민감해지고 숫자를 정확하게 기억하고 빠르게 능률적으로 계산을 할 수 있고 암산에 뛰어나고 나아가 숫자를 자유자재로 사용할 줄 아는 힘, 이렇게 숫자를 실천적으로 활용해 다양한 성과를 올리는 노하우를 마스터해두면 실생활에서 매우 도움이 된다. 일상생활 속에서도 숫자는 항상 따라다니고 있고 특히 비즈니스의 세계에서는 숫자에 강해야 하기 때문이다.

그래서 우선 누구나 바로 할 수 있는 지혜 넘치는 간편계산법을 소개한다.

만약 암산으로 다음 계산식의 답을 내라고 한다면 어떨까? 아마 그렇게 쉽지만은 않을 것이다. 그런데 조금만 지혜를 살리면 바로 답

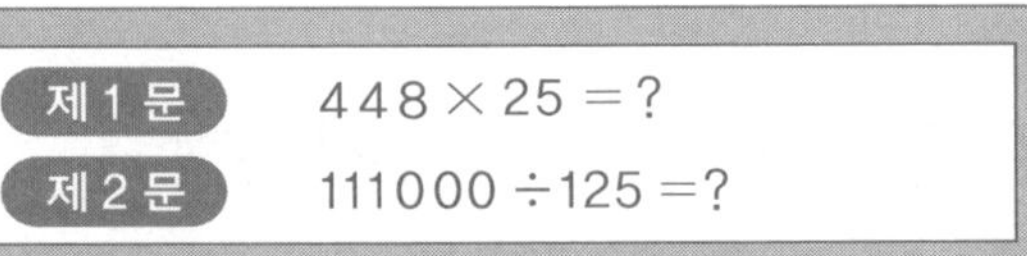

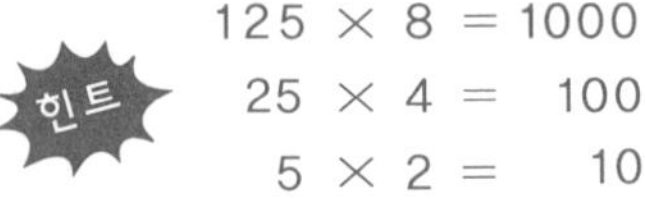

이 나온다. 첫 번째 문제는 11,200, 두 번째는 888이다.

도대체 어떻게 답을 구한 것일까? 거기에는 간단한 방법이 있다. 첫 번째 문제에서는 25를 곱하는 대신 448을 4로 나눈다. 두 번째에서는 125로 나누는 대신 8을 곱해준다. 이렇게 하면 누구나 바로 암산할 수 있다. 112와 888이라는 값이 나온다. 나머지는 자릿수만 맞추면 된다.

나온 답은 근사치가 아니라 완전히 맞는 값이다. 이것으로 알 수 있겠지만 항상 125는 8로, 25는 4로, 또 하나 5는 2로 치환해서 곱셈, 나눗셈을 할 수 있다. 단 자릿수 맞추기를 잊지 말아야 한다.

여기서는 문제 아래에 기록한 계산을 이용하고 있다. 두 개의 숫자를 곱하면 어느 쪽이나 "1"이라는 값이 나온다. 그것이 발상의 힌트가 되고 있다.

계산력이 아니라 어디까지나 사고법에 의해 이런 속산이 가능하다는 것에 주목하기 바란다. 이 노하우는 그림 15에 정리되어 있다.

암산으로 재빠르게 대강의 수를 내는 노하우

이번에는 암산으로 재빨리 대강 계산하는 방법을 살펴보자.

대화를 나누고 있을 때라든지 길에서 갑자기 계산을 해야 할 때, 암산으로 숫자를 재빠르게 생각하지 않으면 안 되는 경우도 많다. 그럴 때의 계산은 거의 대강 계산으로 빠른 시간 안에 때려 맞춰야 한다. 따라서 이 대강계산법의 용도도 매우 넓다고 할 수 있다.

대강계산법에서는 근사치만으로도 된다. 대강의 어림수만으로도 괜찮다는 말이다. 이래서 몇 가지 간편계산법이 생겨난다.

앞에서 125→8, 5→2의 치환을 소개했다. 대강계산의 경우에는 보다 많은 치환이 가능해진다. 바꿀 때 곱셈은 나눗셈으로, 나눗셈은 곱셈으로 대신하는 것은 전술한 속산법과 마찬가지다. 바꾸기를 할 수 있는 숫자는 다음과 같다(단, 한 자리, 두 자리의 경우).

이것만으로도 암산이 꽤 수월해진다. 나아가 또 하나의 방법이

11→9	19→5	·35→3
12→8	21→5	48→2
13→8	24→4	49→2
14→7	26→4	51→2
15→7	32→3	52→2
16→6	33→3	
17→6	34→3	

있다. '9'와 '1'을 '0'으로 뭉치는 것이다. 가령, 59, 61의 어느 쪽도 60으로 둥글려버린다. 290과 310은 300으로 간주하는 것과 같은 요령이다. 또 조금 억지 같지만 '4'와 '6'도 '5'로 간주해버리는 것이 편리한 때가 있다. 가령 그것을 5로 나누는 경우에는.

이렇게 계산하기 쉬운 숫자로 바꾸는 노하우를 사용하면 매우 빨리 암산을 할 수 있다.

평방미터와 평의 환산도 순식간에 할 수 있다

이 대강계산 노하우가 도움이 되는 경우를 하나 더 들어보자.

토지나 건물의 면적은 미터법을 사용해 평방미터 m^2로 표시·계산하는데, 관습상 척관법인 평도 지금까지 뿌리깊게 사용되고 있다.

문제는 평방미터와 평의 환산이다. 가령 부동산 매매 상담중에는 언제나 미터법의 숫자와 척관법의 숫자가 어지럽게 섞여 까다로워진다.

임시로 '711평방미터', '39평'이라는 숫자가 나왔다고 가정해보자. 대강으로라도 711평방미터를 평수로, 39평을 평방미터 수로 빨리 암산해 환산하려면 어떻게 하면 좋을까?

알다시피 1평＝3.3평방미터니까 이 환산법으로 계산하면 정확한 답이 나온다. 그러나 일일이 소수점까지 계산을 하고 있을 여유가 없을 때도 있다. 평방미터 수, 평수가 차례차례 오고가는 상담 장면에서는 그리 도움이 되지 못한다.

이런 경우에 전술한 노하우가 발군의 위력을 발휘한다. 711평방미터는 213.3평이고, 39평은 130평방미터다(단, 근사치).

그 내막은 다음과 같다. 앞에 소개한 '숫자 바꾸기 리스트' 중에서 '33→3'이 있었다. 이것을 사용하면 한방에 해결된다. 그 노하우에 따라 711평방미터를 3.3으로 나누는 대신 3을 곱한다. 39평에 3.3을 곱하는 대신 3으로 나눈다. 거기까지는 간단히 암산할 수 있으니까 나머지는 자릿수 맞추기로 끝내면 된다.

즉 정확히 계산하면 711평방미터는 215.4평, 39평은 128.7평방미터다. 능률 면에서 이 정도의 오차라면 충분히 허용범위에 들어갈 것이다.

자릿수가 큰 곱셈을 간단히 암산하는 방법

이번엔 자릿수가 큰 곱셈을 빨리 하는 방법이다. 예를 들어 '4만×2억 = ?'이라는 문제가 주어졌을 때 바로 답을 낼 수 있을까?

이렇게 자릿수가 큰 숫자의 계산에서는 '4×2 = 8'까지는 알아도 나머지 자릿수가 좀처럼 떠오르지 않은 법이다. 바로 답을 내야 하는 상황이라면 우왕좌왕하다 자릿수를 틀리고 만다.

만약 돈이 오가는 상황에서 자릿수가 틀린다면 그 영향은 실로 막대하다. 빠르고 정확한 계산법은 없을까?

다섯 자리 이상의 곱셈을 할 때 다음의 방법을 알아두면 편리하다.

• 만×만 = 억
• 만×억 = 조

이 두 개의 공식만은 꼭 머리에 넣어두자. 여하튼 자릿수 계산의 기준이 되니까 이것만은 귀찮아하지 말고 외워두도록 하자. 두 개의 공식만 기억해 두면 퍽 특수한 자릿수 계산이 아닌 한 충분히 해결할 수 있다.

"3만 엔의 제품을 월 3만 개 팔았을 때의 매상고는 얼마인가?"라는 질문을 받았어도 위의 공식을 알고 있으면 순식간에 "9억 엔"이라는 답이 나온다.

이 기준이 머리에 들어 있으면 전후의 계산도 문제없다. '천×만'은 한쪽이 한 자릿수 적으니까 억을 한 자릿수 떨어주면 된다. 결국 천만이 된다. 반대로 '만×10만'은 한쪽이 한 자릿수 커지니까 억을 10억으로 바꾼다. 마찬가지로 '천×10만'은 '만×만'과 같다는 것도 알 수 있다.

여기서 하나 주의할 것은 '5만×4만'은 '2억'이 아니다. '5×4'는 답이 두 자릿수로 올라간다. 그래서 이 경우는 억도 10억으로 올려 '20억'으로 하지 않으면 안 된다.

기준치를 파악하면 복리계산도 바로 답이 나온다

"당사의 사업규모를 5년 안에 두 배로 만들고 싶다. 연평균 성장률을 몇 퍼센트로 하면 좋을까?" 어느 회사에서 이런 화제가 나왔을 때, 나는 그 자리에서 "14.9%"라고 대답해 사람들을 놀라게 한 적이 있다.

이런 복리계산에는 대수를 사용하므로 우선 암산은 불가능하다. 그럼 어떻게 그 자리에서 대답을 할 수 있었을까? 사실은 특별한 무엇이 있었던 것은 아니다. "5년에 두 배라면 14.9%", "10년에 두 배라면 7.2%"라는 숫자를 기억하고 있었을 뿐이다.

물론 이런 숫자를 주먹구구식으로 외우는 것은 어리석다. "5년, 10년, 20년" "5%, 10%, 15%" "2배, 5배, 10배", … 이렇게 단락 짓기 좋은 숫자를 기준으로 필요한 것을 최소한만 외우는 것이 좋다. 실제 문제 중에 "9년에 67% 매상을 늘리려면?"이라는 어중간한 발상은 보통 하지 않으니까.

이렇게 기준에서 벗어난 계산이 필요한 경우에는 물론 대수표나 컴퓨터가 필요할 것이다. 그러나 그런 경우라도 기준 숫자를 전혀 모르는 상태에 비하면 훨씬 정확하게 숫자를 맞힐 수 있다.

가령 "8년에 업적을 배로 증가시키려면 필요한 연평균 성장률은?"과 같은 문제를 생각해보자. 8년에 배로 늘리려면 앞의 '14.9%'와 '7.2%'의 사이로 범위를 좁혀 '10% 전후'라고 예측할 수 있다(정확한 수치는 9.1%).

기준이 되는 미미한 지식만을 토대로 이렇게 스마트하고 감각 좋은 추리도 가능하다. 역시 사고법 덕분이다.

이것으로 제곱의 계산도 간단

마지막으로 제곱의 계산법이다. 이것은 아주 조금 수학적인데 근사치가 아니라 정확한 답이 암산으로 요구되는 경우를 상정한다.

"39의 제곱은 얼마인가?" 암산으로는 좀처럼 쉽게 답이 나오지 않는다. 그래서 다시, 지혜를 짜내 그림 16의 ①과 같이 생각하면 문제없다.

이번에는 '75의 제곱'을 암산해보자. 이것도 그렇게 쉽지만은 않을 것이다. 그런데 그림 16의 ②와 같은 편리한 방법이 있어 답이 금방 나온다. 단, 이 방법은 1의 자리가 '5'가 아니면 사용할 수 없다. 틀리지 않도록 주의하자.

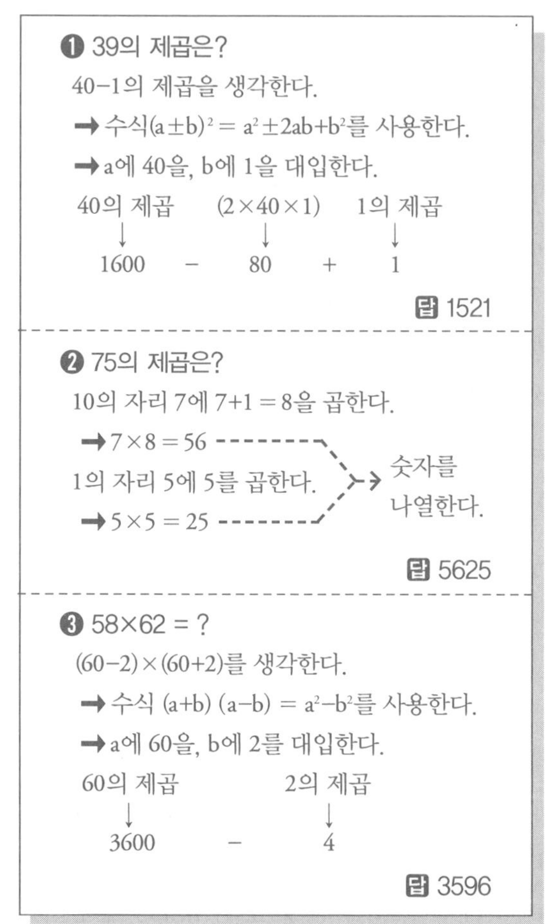

제곱문제와 관련된 것을 이어서 하나 더 소개해보려 한다. 가령 '58×62'와 같은 계산도 암산으로는 조금 부담스럽다. 하지만 58과 62가 60에 대해 대칭되어 있는 것을 이용하면 거짓말처럼 금방 답이 나온다(그림 16의 ③).

제8장

직관과 오감이 구석구석까지 맑아지는 감성적 사고

감성적 사고란 무엇인가?

감성적 사고의 주역은 감수성

8장에서 소개할 감성적 사고sensitive thinking는 감수성이 자유롭게 활동하도록 해주는 매우 솜씨 좋은 사고법이다.

갑자기 기발한 아이디어가 떠올라 단숨에 어려운 문제가 해결되거나 눈부실 정도의 창조적인 성과가 생긴다. 영감이나 '번뜩이는 재치'도 감수성이 종종 주요한 작용을 하는 감성적 사고다. 그것만 봐도 감수성이 뭔가 매우 중요하다는 것을 알 수 있다. 감성적 사고라는 사고법에 대해 이야기를 진행시키기 전에 우선 감수성이란 어떤 것인지에 대해 잠시 짚고 넘어가는 것이 좋겠다.

감수성이란 대상 안에 있는 것을 섬세하고 치밀하게 느껴내는 감각을 말한다. 우리 주변에는 감수성이 예민한 사람이 있는데 그런 사람은 가령 같은 것을 보더라도, 남들은 눈치채지 못하는 부분까지도 놓치지 않고 강하게 느끼는 반응을 보인다. 대인관계에서도 상대방

표정의 미묘한 변화까지 민감하게 파악해내고 상대의 심리를 파악하기도 한다.

1장에서 사고의 형태와 내용을 규정하고 만들어내는 것은 감각, 감정, 이성의 3대 능력이라고 서술했는데 감수성은 감각, 감정이 우위를 점하는 감각이다. 그러나 나중에도 서술하겠지만 이성이 전혀 관계없다는 것은 아니다.

감각, 감정의 고속정보처리

우선 감수성의 감각적 측면부터 살펴가자. 시각, 청각, 촉각 등으로 이루어진 감각은 끊임없이 외부로부터 들어오는 자극을 맨 먼저 받아들인다. 소위 자극을 감지, 식별하는 능력이다.

감수성은 이 감각능력을 기본으로 하고 있어서 일반적으로 예민하고 속도가 빠르다. 감각적인 성질을 가진 감수성에는 특히 그 경향이 두드러진다.

다음으로 감정이 풍부한 감수성이 있다. 가령 '남의 기분에 민감하다', '자주 세심한 곳까지 주의가 미친다'는 것은 그런 타입의 감수성이다.

뇌 생리학적으로 보면 감정도 감각에 뒤지지 않는 재빠른 반응, 정보처리가 가능하다. 가령 어떠한 감정이 생겼을 때 감정적 반응은 네트워크처럼 연결되어 있는 편도핵이라는 부위를 통해 직접 운동기관으로 전달된다.

세상에는 말보다 주먹이 먼저 앞서는 사람이 있다. 그들은 울컥 화가 치민 순간 벌써 손에 뭔가가 쥐어져 있기도 한다. 그다지 좋은 것은 아니지만 생리구조상 감정과 행동은 직결되어 직접 패스direct pass할 수 있도록 되어 있는 것이다.

감수성과 사고는 어떻게 연관되어 있을까

그와 관련하여 냉정하게 감정을 컨트롤할 수 있는 사람의 경우 이성이 감정의 흥분을 억제하는 작용을 한다. 이것은 감정적 반응을 우회시키는 소위 바이패스bypass에 해당한다. 그러니까 재떨이를 붙잡는 것 같은 단락적 행동으로 치닫지 않고 냉정하게 있을 수 있다.

그런 의미에서, 이성이 감수성과 관련되지 않은 듯 보이는 것처럼, 결국 이성적 감수성은 없는 것처럼 보인다. 그러나 결론부터 말하면 그렇지 않다.

머리 회전이 빠르다는 말을 듣는 사람, 숫자에 민감하고 대차대조표나 손익계산서를 한 번만 보고도 재무내용이나 문제점을 예리하고 정확하게 읽어낼 수 있는 사람이 있는데 이런 사람은 틀림없이 감수성이 강하다고 할 수 있다. 그것은 숫자나 논리에 강한 이성적인 감수성이다.

이런 종류의 감수성은 어떻게 생겨나고 뿌리내리는 것일까? 개인적인 견해로는, 이 경우 생리적인 조건보다 후천적인 지적 숙련, 논리적인 기술에 의해 이런 종류의 감수성이 형성되고 발달하는 것은 아닐까 생각한다.

어쨌든 이렇게 뿌리내린 감수성은 사고활동에 있어서도 매우 강력하게 작용한다. 이 감수성을 전부 활용해 우리들은 예리한 감각이 넘치는 감성적 사고를 전개해나갈 수 있는 것이다.

사람에 따라 감도의 차이는 있을지언정 누구에게나 감수성은 있다. 나머지는 그것을 어떻게 살리느냐 하는 사고법의 문제다. 그렇기 때문에 우리들은 반드시 감성적 사고를 익혀 실천해나갈 필요가 있는 것이다.

감정이 풍부해질수록 상상력의 사고활동은 활발해진다

앞에 서술한 감정적인 감수성에 관해 하나 중요한 지적을 해두고 싶다. 풍부한 감정과 상상력은 깊이 관련되어 있고 서로 강하게 영향을 미치고 있다는 것이다. 결국 사고감각으로서의 감수성의 강도가 상상이라는 사고활동을 활발하게 하고, 반대로 상상하는 사고의 작용이 감정적인 감수성을 예민하게 한다.

사람은 감정이 풍부해질수록 상대의 마음속 미묘한 움직임까지 느끼게 된다. 자주 듣는 얘기로, 정말 막역한 사이가 되면 서로 지금 무슨 생각을 하고 있는지 자연스럽게 알게 된다고 한다. 두 사람이 같은 말을 동시에 하는 경우가 종종 있다. 이럴 땐 "기분의 파장이 일치했다"고 하는데 그런 일이 일어나는 것도 둘 사이에 풍부한 감정이 서로 통하고 있기 때문이다.

여기서 잠깐, 내 젊은 시절의 에피소드를 하나 소개하겠다.

20대 중반 쯤의 일이었던 것 같은데 나는 어느 주점의 미모의 여주인에게 푹 빠져 있었다. 그래서 내 머릿속은 그녀의 생각으로 꽉 차있었던 것 같다. 그러던 어느 날 밤, 갑자기 시상이 주체할 수 없이 떠올라 단숨에 스무 편 이상의 시를 써내려갔다. 다음날 그것을 여주인에게 선물했더니 여주인은 매우 기뻐했고 나도 그 이후 열병을 앓

았던 마음이 흔적도 없이 말끔히 정리되었던 추억이 있다.

지금 생각해도 우스꽝스런 기분이 들지만, 인간이란 감정이 넘치면 감수성이 풍부해지고 그로 인해 상상력이 자극될 수 있는 것 같다.

이번엔 다른 어떤 여성의 이야기를 해보겠다. 그녀는 보통 사람에 비해 감정이 풍부한 여성이었다. 항상 감수성이 지나치게 작용해, 소위 '어쩐지 그런 예감이 드는' 일이 일어난다고 했다. 말을 하려면 갑자기 가슴이 두근거리고, 주변 사람의 일이 신경 쓰여 안절부절못하게 된다고 했다. 그리고 그 불길한 예감이 맞아떨어지기도 한다는 것이다.

그녀의 상상이 너무 지나친 건 아닌가 하는 생각도 들지만, 그 좋고 나쁨은 별도로 하더라도 풍부한 감정이 감수성을 자극해 상상력을 더욱 풍부하게 하는 것만은 확실하다고 할 수 있다.

상상력을 풍부하게 하는 10가지 힌트

우리들은 평소 생활에서도 가능한 한 감정이 메마르지 않도록 풍부한 정서를 기르는 것에 노력할 필요가 있다. 특히 하루 중 몇 번은 웃거나 즐거운 일을 생각하는 시간을 갖는 것도 중요하다.

또 하나, 상상력을 기르도록 노력할 필요가 있다. 앞서 말한 대로 상상력을 활발하게 하는 것은 감수성의 감각 향상에 직결되고, 창작·발명 등의 창조적인 행위와 직관에도 상상력은 꼭 필요하기 때문이다.

다음에 상상력을 개발하고 향상시키는 데 효과 있는 10가지 힌트를 적어 놓았다. 꼭 한번 시도해보기 바란다.

① 천정의 무늬나 구름의 모양, 벽지의 무늬 등을 보고 거기서부터 자유

롭게 이미지를 그린다.

② 전철의 주간지 광고, 책의 목차를 보고 내용을 상상한다. 나중에 실제 내용과 비교, 검증하는 것을 반복해보면 자신의 상상력의 수준이나 경향을 알 수 있다.

③ 책을 훑어 읽은 다음 그 부분의 내용을 상상한다.

④ 뉴스나 스포츠 실황중계를 보고 다음날 신문의 헤드라인이나 기사 내용을 상상해본다.

⑤ 사소한 사건이나 정보를 토대로 하나의 이야기를 만들어본다.

⑥ 사람을 만나기 전에 만났을 때의 상황을 이것저것 떠올려보거나 예시 문답을 한다.

⑦ 처음으로 방문하는 장소에 대해 사전에 주변 풍경, 건물 모습, 실내 이미지 등을 자유롭게 상상한다.

⑧ 추리소설을 읽으면서 끊임없이 범인을 추리한다.

⑨ 설계도, 지도, 그림, 사진에서 현지, 현물을 가능한 한 사실적으로 상상한다.

⑩ 연상을 활발하게 하는 것도 중요하다. 또 연상이 시작되었다면 도중에 멈추지 말고 계속해본다. 비약된 연상, 탈선된 연상, 혹은 황당무계한 연상도 소홀히 하지 말자.

단숨에 본질을 꿰뚫는 직관은 어떻게 생겨날까?

직관으로 악상이 떠오른 천재 음악가 모차르트

우선 직관이라는 사고작용에 대해 살펴보자.

직관은 경험이나 추리, 분석, 판단 등에도 의지하지 않고 단숨에 사물, 대상의 본질을 바르게 파악하는 고속의 감성적 사고다.

직관을 말하는 데 천재 음악가 모차르트의 이야기를 소개하는 것이 이해가 쉬울 것 같다. 그의 경우 악상은 직관에 의해 찾아왔다. 베토벤이 악상의 단편을 집요하게 좇아 각고의 노력을 한 끝에 작품을 완성한 것과는 정말 다르다.

모차르트에게 있어서 음악은 단숨에 완성된 모습으로 태어났다. 그것은 모차르트의 뇌리에 마치 악보 같은 이미지로 한 번에 떠올랐다. 그는 단순히 그것을 베껴서 진짜 악보로 만들어내기만 하면 되었다.

직관, 영감은 고속의 감성적 사고

직관과 비슷한 말로 영감이라는 말이 있는데 이 둘은 어떻게 다를까?

직관이나 영감은 고속의 감성적 사고와 밀접하게 관계되어 있는데 직관에 비하면 영감은 사고의 성과, 결국 구체적인 아이디어, 해결책이라는 측면에 역점을 둔다. 바꿔 말하면, 직관은 사고의 입구 쪽에서 작용하고 영감은 출구 쪽에서 작용한다는 차이가 있다. 때로 직관과 영감이 거의 동시에 생겨 이 둘을 떼어놓을 수 없는 경우도 있지만 대다수의 경우 영감 전에 우선 직관이 작용하고 있다.

어쨌든 직관과 영감만큼 초사고라는 말에 어울리는 것은 없다. 영감은 먼 미래까지도 단숨에 꿰뚫는다. 주옥같은 아이디어가 홀연히 떠오르고 게다가 왜 그런 기적 같은 일이 일어났는지 본인도 설명할 수 없다. 그래서 직관이나 영감은 종종 '신의 계시'라고 형용되기도 한다.

직관의 구조

단정적으로 말하면 영감은 직관의 결과, 산물이라고도 할 수 있으며, 직관을 조금 더 포괄적으로 보아 영감이 직관 속에 포함된다고 생각해도 특별히 문제될 것은 없다. 다시 말해 그러자고 약속만 하면 그것으로 끝이다.

따라서 직관이란 도대체 어떤 사고인지를 분석하고 해명하는 것이 유익한 선결과제라고 생각한다. 우선 직관사고가 가능해지는 것이 중요하다. 그렇게 하면 자연스럽게 영감도 따라온다고 생각하면 좋을 것이다.

직관이라는 사고활동의 에센스는 다음 여섯 가지로 요약될 수 있다.

① 꽤 먼 미래까지 꿰뚫을 수 있는 사고. 시간적인 의미에서나 인과관계 같은 논리적 과정에서나 그렇다.

② 사물이나 대상의 본질·핵심에 단숨에 이르는 날카로운 통찰력이 풍부한 사고.

③ 사물이나 대상의 전체 및 세부를 한눈에 내다보고 파악하는 사고. 전체의 구조, 결국 게슈탈트를 순간적으로 파악하는 사고다.

④ 그 결과, 금새 성과, 결론, 해결책 등의 아이디어가 생겨난다. 직관에는 결론이 포함되어 있다.

⑤ 그 사고과정도 결과도 모두 옳다. 논리적으로 보아도 옳다. 종종 그 순간에 이것이 정답이라는 강한 확신이 찾아온다.

⑥ 이상의 모든 것이 빠른 속도로 수행된다.

감수성을 기르면 직관력이 몸에 밴다

직관은 앞에 설명한 감수성과 밀접하게 연관되어 있어 감수성을 완전히 살릴 수 있는 것에 의해 비로소 직관도 가능해진다. 따라서 직관력을 익히고자 한다면 우선 감수성을 기르는 것부터 시작할 필요가 있다.

감수성에 감각적 감수성, 감정적 감수성, 이성적 감수성이 있는 것은 앞에서 서술했다. 여기서 충고 한마디! 자신에게는 어떤 감수성이 있는지 스스로 반문해보고 자기 안의 감수성 찾기에 착수하는 것이 결국은 직관력을 익히는 가장 빠른 길이라고 생각한다.

두 번째 할 일은 감수성을 끊임없이 연마해나가는 일이다. 날카롭게 다듬고 섬세하게 활동하도록 감도를 높인다. 그렇게 계속해서 감각을 향상시켜 나가도록 노력하자.

그리고 실제로 감수성을 살려 활용하는 것도 중요하다. 막상 질 높은 감수성을 갖고 있다고 해도 그것을 잠재워 둔다면 녹이 슬고 감도가 둔해진다.

이와 같은 것을 마음에 두고 실천해나감에 따라 직관은 활성화되고 또 확실히 그 질도 높아질 것이다.

기타 연습중에 작곡을 한 직관체험

감히 모차르트에게 비할 바는 아니지만, 나의 보잘것없는 직관체험을 하나 소개해볼까 한다.

지금으로부터 무려 40년 전 나는 대학에 들어가자 마자 바로 클래식기타와 교재를 한 권 사서 독학으로 연습을 하기 시작했다. 명곡 "알함브라의 추억"이나 "금지된 장난"을 멋지게 연주하고 싶다는 생각에, 수험공부가 한창인데도 대학에 들어가면 반드시 기타를 배워야겠다고 마음먹고 있던 터였다.

일단 교재로 기본적인 운지법을 어느 정도 익히게 되자 곧바로 기타곡 악보를 많이 샀다. 물론 그 중에는 "알함브라의 추억"과 "금지된 장난"도 있었다.

아직 더듬더듬 연주하긴 했지만 그들을 적당하게 집어먹는 것처럼은 따라가게 되었다. "금지된 장난"을 겨우겨우 연주할 수 있게 되었을 무렵 문득 악상이 떠올라 눈 깜짝할 사이에 기타곡을 하나 완성해버렸다. 불과 30분도 채 안 걸린 일이었다. 그때까지 나는 작곡의 '작'자도 몰랐다. 이것은 직관사고의 산물이라고밖에는 할 수 없을 것이다.

참고로 그림 17에 그 악보를 그려놓았다. 그때의 사고 움직임을, 기억을 더듬어 재현했더니 다음과 같았다.

우선, 처음 몇 소절의 멜로디가 문득 떠올랐다. 마침 그 순간, 이 곡 전체의 윤곽이 나도 모르게 잡혔다. 나머지는 그 멜로디가 자연스럽게 이어져 결론에 해당하는 마지막 몇 소절까지 보이는 것이었다. 그런 느낌이었다.

전술한 직관의 조건을 충분히 만족시키고 있다는 것을 알 수 있을 것이다.

집중력이 감수성을 예민하게 한다

내가 봐도 뜻밖에 좋은 곡이 만들어졌다고 생각하지만, 예리한 눈의 소유자라면 이 곡이 "금지된 장난"의 영향을 받고 있다는 것을 알아차렸을 것이다.

정말 그렇다. "금지된 장난"과 내가 만든 멜로디는 전혀 비슷한 부분이 없다. 그럼에도 불구하고 곡의 구조 자체에 있어서 나는 "금지된 장난"의 영향을 받고 있다는 것을 확실히 인정한다.

나는 그 무렵 "금지된 장난"을 연주하기 위해 상당히 몰두하고

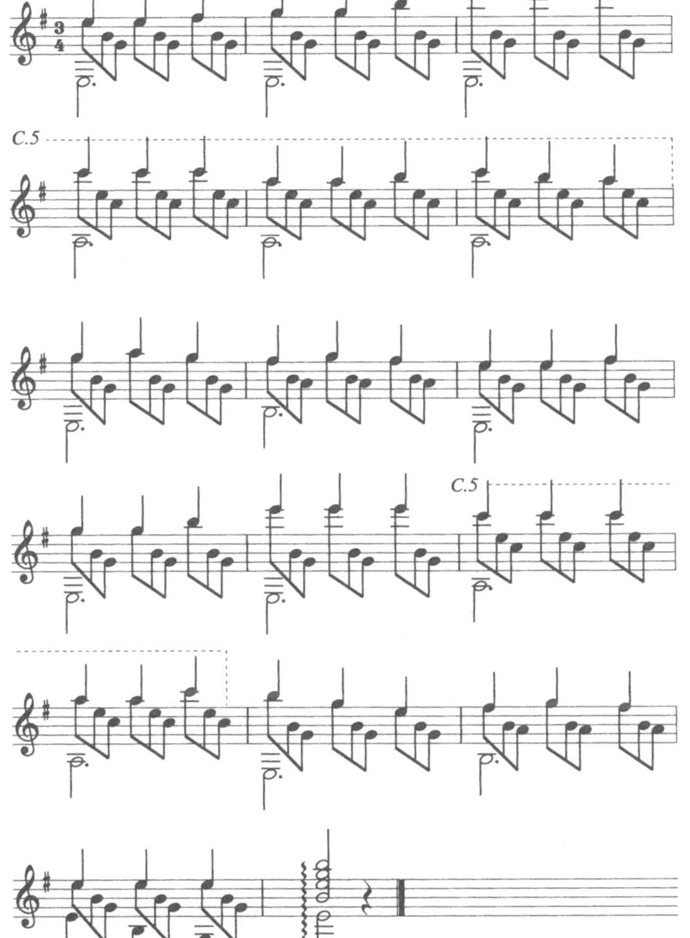

제 8 장 직관과 오감이 구석구석까지 맑아지는 감성적 사고

있었다. 소위 장기적인 집중 상태가 지속되고 있었던 것이다. 그러는 사이 "금지된 장난"의 악상(아이디어) 전체가 내 속에서 충분히 풀어져 용해되었다. 그러나 구조만은 남고 악상은 완전히 변모를 거듭해 다른 것이 되어 튀어나온 것이 아닌가 생각한다.

요컨대 "금지된 장난"이 없었다면 내 곡은 태어나지 못했을지도 모른다. 영향을 받고 있다는 것은 바로 그런 의미에서다. 덧붙여 나는 기타곡 외에 오늘날까지도 취미 삼아 간단히 악보를 적어 100여 곡 가량을 작곡해오고 있다.

결론은 평범한 사람에게도 직관은 찾아온다는 것이다. 그러나 그것을 위해서는 지금 말한 것 외에도 무엇인가에 몰두하는 것이 중요하다. 집중력이 감수성을 예민하게도 하는 것이다.

놀라운 아프리카인의 기억력

직관은 이미 보아온 대로 먼 미래를 내다보거나 단숨에 대상의 본질을 파악하는 사고다. 이런 사고의 감각을 높이려면 자신과 대상 사이에 불필요한 불순물이 끼여들지 않는 게 좋은 것 아닐까?

특히 감각적 감수성이 강하게 작용하는 직관에 있어서는 그렇게 말할 수 있을 것 같다. 왜냐하면 사이에 뭔가가 끼여들수록 직접적으로 보거나 느끼는 것이 곤란해지고 그에 비례해 감수성이 둔해지거나 쇠약해지는 것을 예상할 수 있기 때문이다.

이 점에 대해서 시사하는 바가 큰 이야기를 하나 해보겠다. '아프리카인의 기억력'에 관한 이야기다. 20세기 아프리카의 석학, 아마두 햄퍼티 바는 저서에서 이렇게 쓰고 있다.

“우리 세대 사람들의 기억력에는, 더욱 일반적으로 말하면 문서에 기초한 적 없는 구전을 계승해온 사람들의 기억력에는 거의 놀랄 만한 충실함이나 정확함이 존재한다.”(≪아프리카의 생명≫ 중에서)

여기서 “문서에 기초한 적 없는 구전을 계승한 사람들의 기억력”이라는 한 구절에 독자의 주의를 환기시키고 싶다. 그들은 문서라는 문자 미디어에 의존하지 않고, 문서를 경유하지 않고 직접 구전으로 기억한다. 바에 의하면 그것이 그들의 기억력을 놀랄 만한 것으로 만든다는 것이다.

계속해서 바는 다음과 같이 서술하고 있다.

“유소년기 때부터 우리들은 잘 관찰하고 바라보고 듣도록 훈련받아 왔다. 그 결과, 어떤 사건이든 마치 사람이 다니지 않은 눈밭에 발자국을 새기는 것처럼, 우리들의 기억에 새겨 넣었다. 모든 것은 우리들의 기억 속에 있었다. 사건의 배경이나 등장인물들, 그 사람들이 내뱉은 말이나 그 사람들이 입고 있던 의복의 아주 사소한 부분까지도 기억에 머물러 있는 것이다.”(같은 책에서)

문자 미디어가 끼어들어 잃어가는 것

분명 아프리카인의 기억력은 매우 정밀하고 훌륭한 기억력이다. 그리고 이것이 감각적인 기억, 혹은 직관이라고 해도 좋을 기억인 것은 다음 문장을 읽어보면 더욱 분명해진다.

“예를 들면 내가 어린 시절 아주 가까이 처음으로 본 행정구 사령관의 복장을 그리는 경우, 굳이 ‘기억을 파헤칠’ 필요는 없다. 나는 마음속의 스크린 같은 것에 그 인물이 비추이는 것을 보고, 보이는 것을 그리기만 하면 되는 것이다.”

“하나의 장면을 그리려면, 그 장면을 생생하게 소생시키기만 하면 된다. 또, 누군가가 나에게 말을 걸어주었을 경우, 내 기억에 새겨지는 것은 그 이야기의 내용뿐만 아니라 그때의 광경 전체다.”(같은 책에서)

과연, 이번 장 첫머리에 소개한 모차르트의 직관과 상통하는 기억력이라고 해도 좋겠다. 바꿔 말하면, 우리들은 문자문화에 완전히 길들여져 오히려 문자의 도움을 빌어 기억하는 것에 익숙해있다. 하지만 바가 말한 것처럼 아프리카에는 우리의 그런 기억력, 기억술과는 꽤 이질적인 기억력, 기억술이 있다.

물론 문자에는 다양한 효용이나 기능이 있다. 하지만 그것을 인정한다는 전제하에서 문자를 끼워 넣음으로써 감수성이나 상상력에 있어서 얼마간은 잃는 것이 있다는 것도 알아두어야 한다.

직접적으로 자연스럽게 상대하는 것의 중요함

모든 미디어에 대해서도 마찬가지의 지적이 가능할 것이다. 좋은 게 좋다는 미디어 따윈 어디에도 없다. 그런 의미에서 루소의 “자연으로 돌아가라”는 메시지에 우리들은 다시 한 번 귀를 기울여야 하지 않을까.

중간에 어떤 불순물도 섞이지 않도록 곧바로 직접적으로 자연스럽게 상대한다. 그런 체험을 통해 감수성이 놀랄 만큼 생기가 넘치고 아름다워지고 예민해지는 것을, 애견 찰리와 미국을 여행하고 돌아온 J. 스타인벡도 정확히 기록하고 있다.

여기서 우리는 "자연"을 더욱 넓게 해석해도 좋을 것이다. 관념 속에 달아두지 않고 신체를 움직여 행동하는 것도 하나의 "자연"이라고 할 수 있다. 마음을 닫지 않고 순수한 원래 모습으로 타인을 접하는 것도 마찬가지다.

생각하는 것도 예외는 아니다. 우리들은 감수성이 높아지도록 잘 생각하는 방법을 배울 필요가 있다. 남에게 의지하지 않고 자기 머리로 끝까지 생각해 나가는 것도 중요하다. 그것에 비례해 감성적 사고의 질이 높아지고 성과도 커지며 직관이 싹트거나 영감이 빛나는 것이다.

직관에도 반드시 근거가 있다

요컨대 내가 말하고 싶은 것은 단 하나, 그토록 신비하게 보이는 직관에도 반드시 근거가 있다는 것이다. 사고의 모든 감각이나 능력은 항상 자질요인과 환경요인이 조화를 이루어 형성된다. 거기에는 어떤 마술도 없다.

과학자가 보여주는 이성적 직관이라 해도 단순히 천재이기 때문에 그렇다고 하기에는 너무 값싸다. 그것은 역시 자질요인과 환경요인으로 인수분해할 수 있을 뿐만 아니라 그 이상으로 종종 우리들도 쉽게 습득하고 실천할 수 있는 소프트웨어나 지혜, 기술의 산물인 것이다.

빠른 두뇌회전 뒤에는 비결이 있다

이상의 서술에 관해 하나의 예를 들어보자.

일찍이 남들보다 두뇌회전이 배나 빠르고 숫자에도 강했던 내 어머니가 최근 눈에 띄게 계산이 더뎌졌다. 가령 쇼핑을 할 때 많은 잔돈이 쌓인다. 그런데 몇 번을 세어 봐도 계산이 맞지 않는 경우가 생긴다고 했다. 그래서 바둑알을 이용해 테스트해보기로 했다. 바둑알을 잔돈으로 생각하고 수십 개 준비한 다음 그것을 제대로 셀 수 있는지 실험해보았다.

이 테스트를 통해 애초에 계산능력을 체크하려 했던 원래의 목적과는 다른 놀라운 사실을 하나 발견했다. 어머니는 바둑알을 셀 때 "4개, 8개, 12개, …"라는 식으로, 4개씩 세는 계산술을 이용하고 있었다. 4개씩 세면 당연히 마지막에 1~3의 단수가 나온다. 그 때문에 어머니는 계산이 애매해져 버린다는 것이다.

나 역시 '사고연구가' 나부랭이여서 여태까지 꽤 많은 사람들의 계산술을 접할 기회가 있었지만 단언하건대 4개씩 세는 계산법을 이용한 사람은 내가 아는 한 어머니가 전무후무하다.

그때 나는 왜 어머니가 그렇게나 두뇌회전이 빨랐는지, 어떻게 암산을 눈 깜짝할 사이에 할 수 있었는지 그 이유의 한 자락을 잡은 기분이 들었다. 단순히 자질 문제만은 아니었다. 4개씩 세는 놀라운 기술이 그것을 가능하게 했던 것이다.

아무래도 어머니는 그것이 당연한 계산법이라고 여기고 있는 것 같고, 그래서 누구에게 물어본 적도 없었다고 한다. 그 때문에 나도 60세가 되는 오늘날까지 그것을 모르고 있었던 것이다.

직관의 작용은 사고법의 차이

많은 사람들은 수를 "1, 2, 3, …"이라는 식으로 하나씩 센다. 그것이 보통이고 특별히 아무 문제도 없다. 그런데 나는 언제부턴가 "2, 4, 6, 8, …"로 수를 2개씩 세는 버릇이 생겼다. 이렇게 하면 보통 사람보다는 계산이 꽤 빨라진다.

하지만 어머니처럼 4개씩 수를 세는 곡예는 죽었다 깨어나도 못한다. 묘하게도 이번 테스트는 어머니의 치매도를 체크하려고 한 것이었는데 오히려 어머니의 뛰어난 면을 새롭게 발견하는 계기가 되었다.

물론 직관도 영감도 저절로 생겨나는 자질 문제만은 아니고 환경요인의 영향을 무시할 수 없다. 그러나 그 이상으로 사고법도 큰 비중을 차지한다. 평범하게 생각하는가 비범하게 생각하는가, 비효율적으로 생각하는가 지혜를 살려 능률적으로 생각하는가, 직관이 있는가 없는가는 결국은 사고법의 차이에 의한 면도 큰 것이다.

3 사고에 지대한 영향을 미치는 오감의 파워

음을 "도레미…"로 알아듣는 음감

나는 대체로 그리 쓸모 있는 인간은 아니지만, 굳이 쓸모있는 면을 말하자면 음감은 조금 있다. 어떤 곡이나 노래, 혹은 귀에 들어오는 물건 소리도 "도레미…"로 듣는 감각이 조금 뛰어나다. 물론 그것을 음표로도 변환할 수 있다.

아버지가 음악교사였으므로 5형제 모두 아버지로부터 피아노 입문 정도는 배웠다. 누나와 바로 아래 남동생은 나보다 훨씬 피아노를 잘 치지만 그런 음감은 없다고 한다. 그렇다면 내 음감은 타고난 재능이라고 할 수도 있다.

이런 음감도 직관적인 감성사고의 하나이고 나중에 서술할 청각형[耳型] 사고법에 속한다.

시험으로 이것을 이용해 임의로 "도레미…"로 써서 나타내보았다.

내가 매일 보는 〈뉴스 23〉의 테마곡은 "미-레-도-시라레도 시-도도-미-솔-도-솔라-파-미레-미-레-도-시라레도시-도 도-"이다. 가사가 들어있지 않으므로 이 곡은 자연스럽게 계이름 악 보만으로 머리에 들어 있다.

가사가 붙은 노래의 경우는 "도레미"와 가사가 거의 함께 귀에 들어오는 느낌이 든다. 결국 그 곡을 "도레미"로 기억하는 것도, 가사 로 기억하는 것도 가능한 것이다.

이것도 몇 가지 예를 들어보겠다. 이러한 음감이 있으면 여러 곡을 쉽게 기억할 수 있어 꽤 편리하다. 물론 클래식 명곡도 "도레미" 로 머리에 들어온다.

● **로망스**
미미미 미레도 도시라 라도미
라라라 라솔파 파미레 레미파
미파미 솔파미 미레도 도시라 시시시 시도시 라라라 라-

● **에델바이스**
미솔레- 도솔파- 미미 미파솔 라- 솔-
미솔레- 도솔파- 미솔 솔라시 도- 도-

● **고요한밤**
솔라솔미- 솔라솔미- 레레시- 도도솔-
라라 도시라 솔라솔미- 라라 도시라 솔라솔미-

● **비발디 사계 중 〈가을〉**
미미미파미- 미파 미미미파 미- 미파 미 레미파미레-
미미미솔 라- 라라 레레라파솔- 솔도
미미미파 미미 미파 미미미파미레미파 레 미

상대음감

　지난해 ≪절대음감≫이라는 책이 베스트셀러가 되었다. 그 책에서는 귀에 들어오는 다양한 음성을 도레미로 알아듣는 감각을 '절대음감'이라고 했다. 이 해석에 의하면 나에게도 절대음감이 있다는 얘기가 되는데, 엄밀히 말하면 꼭 그렇지는 않다.

　다음은 건너뛰어 읽어도 상관없지만, 정확히 말하면 도레미에도 절대음계의 도레미와 상대음계의 도레미가 있다.

　가령 절대음계의 "도"는 '다'조(C조)의 "도"(C) 하나로 고유의 진동수, 파장을 가진 음이다. 그것에 대해 '라'조(D조), '마'조(E조), '바'조(F조)에서는 라, 마, 바의 음이 각각의 음계에 따른 상대적인 "도"로 기능한다.

　모차르트나 베토벤과 같은 초일류 음악가는 물론 이런 의미의 절대음감을 소유하고 있지만, 나는 전부 12종이나 되는 음계의 12종의 "도레미"를 적당하게 사용하고 있는 데 지나지 않다. 따라서 절대음감이 아니라 상대음감이라는 것이다.

　더 이상 깊이 들어가지는 않겠지만 음감이 감성적 사고로 크게 도움이 된다는 것, 또 음감에도 절대음감과 상대음감이 있다는 것을 이해해 두었으면 한다.

음감 하나로 어려운 사건을 해결한 탐정

　지난번 일본의 한 민영방송 TV에서 〈歌姫 탐정〉이라는 프로그램을 방영했다. 보통 추리드라마와 다를 바 없는 분별 없는 것이라고 생각하고 시간이나 때울까 하는 마음으로 보았는데 나도 모르게 드라마에 점점 빠져 들어가 버렸다.

드라마의 줄거리는 이랬다. 지방순회공연이나 다니던 일개 무명가수가 여행지에서 살인사건과 조우한다. 그리고 그녀가 급기야 탐정처럼 훌륭하게 범인을 붙잡는데, 다름 아닌 음감이 사건해결의 결정적인 열쇠가 되었다. 살해당한 그 지방 명사는 대단한 가라오케 팬으로 자택에도 가라오케룸이 있을 정도였다. 그녀도 한번 그곳에 불려가 명사의 애창곡을 부르게 된다. 사실 범인은 그 고장의 시장인데 그는 살해당한 명사와는 전혀 면식이 없다고 딱 잡아떼어 분명히 두 사람을 관련시킬 만한 그 어떤 접점도 찾지 못한다. 그런데 그녀는 다른 곳에서 시장이 그 노래를 부르는 것을 가끔 들었던 기억이 떠오른다.

이렇게 명사와 시장을 관련시킬 단서가 떠오르는데, 때때로 두 사람이 같은 곡을 신청곡으로 선택했다고 해서 그것이 특별한 증거는 되지 않는다. 하지만 살해당한 명사는 그 노래를 부를 때 특정한 버릇이 있어서 어느 부분에 가면 원곡의 음정을 일부러 무너뜨린다. 그런데 시장도 똑같은 부분을 똑같이 바꾸어 불렀다. 그것으로 그녀는 명사와 시장이 면식이 있다는 것을 간파하고 둘의 노래를 녹음한 테이프를 들고 가 시장에게 들이대며 결정적인 단서를 제시한다.

결국 이 살인사건은 음감만 있으면 해결할 수 있다는 것이 특색이자 재미있는 아이디어다.

꼼짝 못 할 증거란 바로 이런 것이다. 무엇보다 잘 아는 예를 꺼내는 것. 시험에서 A군이 B군의 답안을 컨닝했다고 하자. 당연히 A군의 답안은 정답뿐만 아니라 오답도 B군이 틀린 대로 된다(그런 우연은 있을 수 없을 것이다). 그것에 의해 A군이 아무리 자기도 모르게 했다고 변명을 해도 그의 컨닝 사실은 의심할 여지없이 입증된다.

이렇게 거의 수학적인 치밀함으로 명사와 시장이 서로 면식이 있었던 것이 증명되었다. 허구라고는 해도 음감의 눈부신 활약에 대해 생각하게 하는 경우다. 부연하면, 사물은 음감으로만 한정된 것은 아니다. 시각, 미각, 후각, 촉각 등의 감각을 살린 감성적 사고는 다양한 장면에서 훌륭한 성과를 낳는다. 그러므로 우리들은 감성적인 사고를 잘 연마해둘 필요가 있다.

명인급 장인만이 가진 절대능력

절대음감 같은 절대 수준의 능력은 청각에 국한되지 않고 그 밖에서도 보여진다. 이들을 통칭해 절대능력이라고 하자. 다양한 업무의 세계에는 명인급의 장인이라고 불리는 사람들이 있으며 그들은 각 분야에서 타인으로 대신할 수 없는 절대능력으로 맹활약하고 있다.

사실 우리들의 색채를 식별하는 능력에도 놀라울 정도로 큰 개인차가 있다. 나에게는 극히 평균적인 식별능력밖에 없다. 고작해야 몇백 가지 색을 구분할 수 있을 정도일 것이다. 그런데 내가 아는 한 색채 전문가는 백만 가지 색을 구분할 줄 안다고 한다. 그는 절대색채라는 말을 사용하는데 그에게는 보통 사람이 아무리 발버둥쳐도 따라잡을 수 없을 정도로 많은 색을 정밀하게 식별할 수 있는 절대능력이 있는 것이다.

요컨대, 최신 IT 디지털 기술은 수천만, 수억 단위의 색채를 식별하거나 합성, 표현하기도 한다. 이것은 맨몸뿐인 인간의 능력과는 차원이 다른 과학기술의 힘이 뒷받침해준 결과이다.

마찬가지로 후각, 미각에도 절대후각, 절대미각이 있다. 향수 개발에 종사하는 향기 전문가 중에는 그야말로 경찰견에 뒤지지 않을 정도로 예민한 후각을 지닌 사람들이 있다. 이들은 향수의 향에 대해서라면 성분, 화학적 조성, 화학식을 상세히 알고 있는 것은 물론, 각 향기의 미묘한 차이까지도 자유자재로 표현해낼 수 있다.

한편 절대미각을 가진 사람이 좋은 술, 나쁜 술을 판별하기 위해 테스팅할 때에는 어떤 속임수나 기술에 의존하지 않고 미각만으로 맛을 판별해 낸다. 가령 A, B, C, D, E 다섯 개 상표의 맥주를 눈을 가리고 순서대로 마시고 A상표를 맞추는 것은 상대미각으로도 가능하다. 하지만 그런 수준의 미각으로는 힌트가 없는 상표의 맥주만을 음미해 "아, 이것은 D 맥주군요"라고 자신 있게 말하는 능력은 발휘할 수 없다. 이것이 가능한 것이 절대미각이다.

그것만이 아니다. 절대미각을 갖춘 사람은 조미료가 매우 복잡하게 들어가 있는 요리를 처음 맛보는 경우라도 그 맛을 분석해내고 조리방법이나 숨은 맛까지 정확하게 찾아낼 수 있다.

초일류 스포츠선수나 지도자 중에는 몸으로 느끼는 감각적인 절대능력을 가진 사람이 있다. 일찍이, "신, 부처, 이나오"라고 불릴 정도로 활약을 했던 당시 니시테츠西鉄 라이온즈의 이나오카즈히사稲尾和久 투수에게는 이상적인 투구폼의 이미지가 항상 머릿속에 남아 있었다고 한다. 그래서 투구폼이 조금만 흐트러져도 그 이미지에 따라 바로 수정이 가능했다. 신체에 탄력성이 있는가 없는가, 폼에 문제는 없는가, 허리 축이 벗어나 있지는 않은가, 문외한이 아무리 눈을 크게 뜨고 보아도 알 수 없는 것들이 그들에게는 바로바로 보인다. 역시 상대능력과 절대능력의 차이라 아니할 수 없다.

보고 듣고 냄새 맡고 맛보는 대상을 분석하는 습관을

지금까지 절대능력의 뛰어난 점을 살펴보았다. 아마 누구라도 이런 감각이나 능력을 자신도 꼭 갖고 싶다는 생각이 들었을 것이다. 그것은 결코 불가능한 일이 아니다.

제2장에서 서술한 능력의 자질·환경 융합설에 의하면 감각이나 능력은 선천적인 자질만으로 결정되는 것이 아니라 후천적인 노력이나 학습으로 개발되고 연마되는 부분도 적지 않다.

물론 자질적인 측면이 있는 것은 부정할 수 없고, 아무리 이상적인 환경을 갖추고 있어도 보통 사람이 모차르트 같은 초인적인 수준의 절대능력을 획득하는 것까지는 바랄 수 없다는 단서는 붙지만 일정 수준 이상의 절대능력을 기르는 것은 충분히 가능한 일이다.

이제 절대능력을 기르기 위한 몇 가지 방법을 소개하겠다.

앞에 소개했던 색채 전문가의 경우, 오랜 세월 동안 자기 눈에 들어오는 것을 3원색으로 분해하는 연습을 끊임없이 계속해왔다. 길을 가다가 조금 이상한 색채를 발견하면 그는 재빨리 그것을 "적(마젠타) 35%, 황(옐로) 50%, 청(시안) 15%"라는 식으로 분해했고, 이 방법으로 어느 틈엔가 절대적인 색채감각이 길러졌다고 한다.

한마디 더 보충하면, 이것은 분석적인 노하우라 할 수 있다. 여러분이 진심으로 절대능력을 개발, 획득하고 싶다면, 보고, 듣고, 냄새 맡고, 맛보는 것마다 항상 대상을 분석하는 습관을 들이도록 하자.

그렇게 하면 대상을 막연히 접했을 때와 비교해 반드시 관련된 감각이나 능력이 비약적으로 높아질 것이다.

오리지널, 일류와 접촉할 기회도 많이 가질 것

한편 절대능력을 익히기 위해서는 가능한 한 우리가 '오리지널', '일류'라고 부르는 것들을 많이 접촉해야 한다. 잡음만 듣고 있어서는 갈고 닦인 음감을 얻기 어렵다. 서화골동품의 감정도 입을 모아 "진짜를 보고 있으면 눈이 살찐다"고들 한다.

다시 말해, 음의 박사나 회화감정의 프로라고 불리는 사람들의 얘기를 들어보면, 오리지널, 일류를 접하는 것은 품위, 품격, 정취, 분위기와 같은 말로는 조금 설명하기 어려운 미묘한 것을 파악하는 감각을 기르는 것과 같다고 한다.

이것과 같은 문맥으로, 그 분야의 일류인 사람과 사귀어 그들로부터 여러 가지를 배우고 흡수하는 것에도 노력했으면 한다. 스포츠 세계에서는 감독, 코치들과 같은 지도자의 중요성이 자주 지적된다. 그도 그럴 것이, 일류 지도자에게는 선수의 재능(잠재능력까지도)을 예리하고 올바르게 간파하는 능력이 있고 또 능숙하게 재능을 개발하고 신장시키는 탁월한 지도법이 있다.

스포츠에만 국한하지 않고, 그런 일류들과 접촉하다 보면 강한 자극을 받아 여러 가지로 촉발, 계발되는 면이 있다. 그것에 의해 눈이 열리고 절대능력이 길러질 기회가 많아진다.

생각하면서 "연륜을 쌓는 것"의 중요함

실무적이고 작업적인 업무의 세계에서는 오히려 후천적인 요인에 의해 절대능력이 길러지는 경우도 많다. 이때 실무와 작업에 대한 습득과 숙련, 경험과 창의적 연구의 축적이 크게 어필한다.

흔히 하는 말로 "연륜을 쌓는" 것이 이것에 해당한다. 단, 그냥 같은 일을 막연하게 반복적으로 계속하는 것만으로는 결코 절대능력에는 도달하지 못한다. 문제의식을 활발히 해 관찰하고 분석한다, 시행착오를 거듭한다, 적극적으로 아이디어를 낸다 등과 같이 역시 크게 생각하면서 연륜을 쌓는 것이 필요하다. 이점 아무쪼록 오해 없기를.

호사고 테크닉

시각형과 청각형, 내 사고형은 어느 쪽?

인간이 가진 감각능력 중에서 압도적으로 우월한 것은 시각이고, 그 다음이 청각이다. 인간의 뇌에 외부에서 입력된 정보량 중 족히 9할 이상이 시각, 청각을 경유한 정보로 이루어져 있다.

이미 보아온 대로, 감각 자체가 넓은 의미의 사고에 해당한다. 보는 것, 듣는 것 자체가 이미 사고의 시작이다. 게다가 그것에 그치지 않는다. 감각작용은 뇌세포, 신경선의 네트워크를 통해 다양한 사고활동에 관여한다. 당연히 시각, 청각은 그 탁월한 힘으로 생각에 절대적인 영향을 미치고 사고활동에 있어서도 우월한 위치를 차지한다.

이상을 배경으로 인간에게 특유한 두 가지 사고 형태가 생긴다. 시각형 사고와 청각형 사고가 그것이다.

시각형 사고는 시각이 우위에 존재하는, 소위 눈으로 생각한다고 해도 좋을 특징을 가진 사고형이다. 청각형 사고는 청각 우위의, 귀로 생각하는 사고형이다. 매우 재미있는 것은 시각형 사고의 사람과 청각형 사고의 사람이 확실히 나눠진다는 점이다. 거기에는 당연히 이유가 있다. 그 정도로 이 둘은 이질적인 사고형이다.

우리는 과연 어느 쪽 사고형에 가까울까? 두 사고형의 차이를 밝혀보자.

공간과 형태에 강한 시각형 인간

우선 시각형 사고부터 보자. 이것은 시각이 우위에 선 사고형인데 '시각 우위'란 바꿔 말하면 공간 우위의 사고형이다. 거기에는 시간성보다 공간성이 의식적으로나 무의식적으로 큰 비중을 차지한다.

회화는 그 전형이다. 회화적 사고에서는 공간 및 공간적 배치, 공간의 구성요소 등에 대해 사고가 활발히 움직이고, 그렇게 생겨난 생각, 아이디어도 뛰어나 공간성이 풍부하다.

그리고 시각형 사고는 구체적이고 구상적이다. 사물의 형태, 형상, 질량, 색채에 대한 감수성이 예민하다. 상상력이나 창조력도 형태성, 질감 등으로 넘친다. 조각가나 건축가, 디자이너, 설계사들에게 공통적으로 엿보이는 것이 바로 이 시각형 사고다.

또 한 가지, 한꺼번에 전체와 부분을 파악하는 사고형이라고 할 수 있다. 화가 세잔이 그린 풍경, "성 빅투아르 산"을 우리들은 한눈에 본다. 세잔의 시각형 사고도 아마 그렇듯이 전체적인 산 모양과 부분부분, 그림자 등을 한눈에 넣으면서 전개되어 간 것은 아닐까?

덧붙여, 모차르트는 시간성의 예술인 음악의 천재인데 아마 시

각형일 거라고 생각한다. 단숨에 전체적으로 악상을 떠올리는 부분이
그렇고, 모차르트의 작품에는 한 폭의 회화, 풍경을 떠올리게 하는 요
소가 많다.

시간성이 큰 특징이 되는 청각형 사고

청각형 사고는 시각형 사고와는 매우 다른 사고형이다. 우선 그
것은 공간성보다 시간성을 큰 특징으로 한다. 음악은 공간예술이라기
보다 시간예술이라고 한다. 어느 선율을 귀에 담았을 때, 우리들은 잇
달아 나타나는 음의 연속을 귀를 통해 연결, 종합해 의미 있는 통합
(선율)으로 파악한다.

언어나 문자도 마찬가지다. 공간적 배치가 아닌 시간차와 시간
적 배치가 의미나 가치를 만들어낸다. 그런 의미에서 청각형 사고는
음악사고, 언어사고라고 바꿔 말해도 좋다.

결국 시각사고형과 청각사고형은 외관상의 구별이 아니라, 어
디까지나 사고형의 구별이라는 것을 염두에 두자.

책을 읽을 때에도 우리들은 반드시 시각을 이용해 눈으로 활자
를 따라간다. 그렇다고 해서 독서사고를 시각형의 사고라고는 부를
수 없다. 문자도 시간차를 갖고 잇달아 나타나 시간의 고리 모양으로
연결되어 의미를 부여하는 시간적인 기호의 집합임에 틀림없다. 그
렇다면 독자는 시각 이상으로 사실은 청각을, 그것도 스스로 의식하
지 못한 채 사용해 문장을 읽거나 이해하고 생각하기도 하는 것이다.

이런 언어의 시간성은 목소리로 주고받는 대화를 떠올리면 더
욱 쉽게 납득할 수 있을 것이다.

논리에 강한 청각형 인간

청각사고형은 시각사고형의 구체성, 구상성에 비하면 매우 추상적인 성격을 가진다. 이것은 시간, 시간성이라는 것이 눈에 보이지 않아 형태나 색채, 질량을 가진 물체보다 훨씬 추상적이라는 것과 밀접하게 관련되어 있다.

음성이라는 이미지와 형태·색채의 이미지에서는 같은 "이미지"라는 말을 사용한다 해도 마치 별개의 것 같은 인상이 있다. 시각과 청각의 차이라고 해버리면 그만이지만, 청각 이미지가 시각 이미지에 비해 물질성이 결여되어 있는 것은 분명하다.

이 사실에서 청각사고형의 매우 중요한 특징을 또 하나 끌어낼 수 있다. 그것은 논리성이다.

조금만 생각해보면 알 수 있듯이, 어떠한 논리도 반드시 추상적이다. 논리성은 추상성과 떼어놓을 수 없다. 일반적으로 그림으로 논리를 표현하는 것이 어려워 논리가 진적으로 언어나 숫자 등의 추상적 기호로 표현되는 것은 그 때문이다. 그런 의미에서 청각사고형은 논리에 강한 사고형이라고 할 수 있다.

덧붙여 말하면, 청각사고형에는 한 번에 전체를 표현하고 파악하는 시각사고형과는 달리 순서성이라는 우수한 성격이 있다. 순서성은 여태까지 보아왔던 시간성, 추상성, 논리성과도 연결된다. 집합론이 가르쳐주는 대로 순서 자체가 하나의 논리다. 순서에는 의미가 있다고 해도 좋겠다.

청각사고형에는 이러한 성격이 강하게 반영되고 있다. 가령, 사물의 순서, 전후관계에 민감해 순서를 붙여 생각하는 습관이 배어 있

다면 이는 청각사고형에서 자주 보이는 특징을 담은 행동으로 볼 수
있다.

　여러분도 이것을 참고로 시각형과 청각형 중 어느 쪽인지 한번
체크해보기 바란다. 여기까지 읽고 특히 와 닿는 점을 중심으로 체크
해나가면 자신의 사고형을 지금까지보다 분명히 자각할 수 있을 것이
다. 또 그에 따라 자신의 사고력이나 사고법을 수정하고 초점을 맞춰
대응해 큰 성과를 올릴 수 있게 될 것이다.
　그와 관련하여, 내 경우는 분명히 청각사고형이다. 따라서 이
책에서도 청각사고를 가장 많이 사용하고 있다. 시각사고형과 청각사
고형, 사고에 대한 자기 분석은 바로 여기서부터 출발한다.

일본어에 풍부한 의성어·의태어

동작, 태도, 목소리, 음 등을 감각적으로 형용하는 말을 총칭해서 의태어, 의성어, 의음어라고 한다. 예를 들면 훌쩍훌쩍 운다, 반짝반짝 빛난다, 우르르 뛰어들다, 껄껄껄 웃는다, 밤이 이슥이슥 깊어간다, 기적이 뿌뿌 울린다, 향수 냄새가 풀풀 풍긴다, 씩씩 화를 낸다, 흐물흐물 찌그러진다, 홀짝홀짝 한다, …

작가 이노우에 히사시井上廈도 어딘가에서 말했지만, 특히 일본어는 의성어·의태어가 풍부한 언어다. 당연히 우리들은 무의식중에 의성어·의태어를 사용하여 생각하고, 생각을 표현할 때에도 이것들을 많이 사용한다.

의성어·의태어에는 고유성이 있다. 개, 고양이가 우는 소리는 영어로는 "바우와우" "먀우먀우"이지만 일본어로는 "왕왕" "냐오냐오"다. 그 밖에, 일본에서는 참새소리를 "쮼쮼", 까마귀소리를 "까아까아", 올빼미소리를 "호-호-", 닭소리를 "꼬께꼿꼬-", 매미소리를 "밍밍" 또는 "츠쿠츠쿠보-시"라고 표현한다.

무엇보다 의성어·의태어도 절대 불변하는 것은 아니다. 의성어·의태어를 연구해 온 야마구치 나카미山口仲美라는 학자는 최근 저서에서 "헤이안平安시대의 개는 '비요'라고 울었다"라고 쓰고 있다.

개가 우는 소리가 헤이안시대와 오늘날 크게 바뀌었다고는 생각할 수 없다. 그렇다면 헤이안시대의 일본인에게는 그것이 "비요"라고 들렸고 현대 일본인에게는 "왕왕"이라고 들렸다는 말일 것이다.

"비요비요"와 "왕왕"은 너무나 딴판이어서 조금 이상한 느낌도 있지만, 의성어는 "이렇게 들리니까 이렇게 표기하기로 하자"는 약속으로 통용되는 말이라고 생각하면 이해가 갈 것이다. 이렇게 마음대로 들리고 자유롭게 표현할 수 있는 점에 의성어·의태어의 재미와 창조성이 있다.

사고와 행동을 공동작업화시키는
행동적 사고법

행동적 사고란 무엇인가?

사고와 행동은 밀접하게 관련되어 있다

9장에서는 행동적 사고라는 매우 중요하고 유익한 개념에 따라 실천적이고 도움이 되는 초사고법인 행동적 사고법을 소개해보려고 한다.

우선 사고와 행동은 도대체 어떤 관계에 있는지 조금 정리해두자. 무엇보다 이 점을 올바르게 이해해둘 필요가 있다.

상식적으로, 생각하는 것과 행동하는 것은 전혀 다른 활동이고, 오히려 이 둘은 대립해 서로 양립할 수 없는 것처럼 여겨지기도 한다. 그러나 사실 이 둘이 그 정도로 동떨어진 것은 아니라는 것을 이 책 첫머리에서 이미 설명한 바 있다.

미국의 심리학자 J. B. 왓슨으로 시작되는 행동주의심리학에서는 의식이라는 말을 추방하고 사고과정을 포함한 모든 것을 '자극→

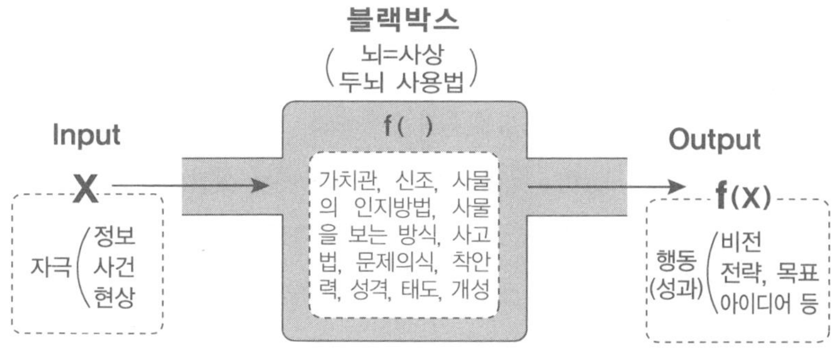

반사행동'이라는 도식으로 해석, 이론화하려 했다.

간단히 말해, 우리들이 지적인 과제를 부여받고 생각을 최대한 짜내 해답을 얻는 것과 개가 먹이를 보고 침을 흘리는 것 둘 다 행동이라는 것에는 차이가 없다는 것이다. 결국 이 경우,

$$사고 = 행동(혹은 \ 사고 < 행동, \ 사고 \subset 행동)$$

이라는 공식이 성립된다.

나는 이렇게까지 단순화시켜 생각하지 않지만 '자극→행동'이라는 도식은 사고에 대해 생각하는 경우에도 크게 참고가 된다.

이 도식에 의해 사고활동을 생각할 때는 자극 대신에 정보라는 말을 이용하면 된다. 실제 정보이론은 물론 의학, 생리학, 심리학 분야에서도 최근에는 정보라는 말을 보통으로 사용하고 있다. 분명 이쪽이 우리들에게도 쉽게 와 닿고 사용하기 수월하다.

자극(정보)은 생각을 낳는다

앞의 그림을 한번 보자. 내 나름대로 뇌의 사고과정, 정보처리 과정을 도식화한 것인데 행동주의심리학의 '자극→행동' 도식에서 큰 힌트를 얻을 수 있다. 어쨌든 신체를 움직이는 것만이 행동은 아니라는 사고방식이 상당히 참고가 된다. 사고와 행동은 마치 접점이 없는, 차원이 다른 활동처럼 생각되기 쉬운데 꼭 그렇다고는 할 수 없다는 새로운 견해가 가능해진다.

더욱이 행동과 사고는 밀접하게 얽혀 있고 서로 보완적인 관계로 연계해 있다는 유연한 견해도 생겨난다. 최근 사용하는 말로는 "공동작업화collaboration"라고 한다. 신체를 움직이는 행동도 뇌의 지령에 의해 효과기나 담당기관이 수행하고 있다. 반대로 선행하는 행동, 과거의 체험이 그 이후의 사고에 다양한 영향을 미친다.

그런 까닭으로 행동적 사고라는 개념이 현실에 커다란 의미를 가져다준다. 여기에는 행동적 측면에서 사고활동에 대해 생각해보려는 전략, 목표가 있는 것이다.

또 하나, 중요한 점이 있다. 왓슨의 말대로 생각한다면 모든 생각은 반드시 '자극 = 정보'에 의해 생겨나고 반대로 '자극 = 정보'가 없으면 생각은 결코 생겨날 수 없다는 것이다.

이 관점에 서면 사고의 정의도 자극(정보)에 의해 머릿속에 생겨나는 어떠한 생각이라고 하는 편이 더 구체적이겠다.

이 정의에 문제는 없다고 생각한다. 단, 우리들의 상식에 의하면 징조도 없이 갑자기 어떤 생각이 떠오르는 적이 있고 그것조차도 반드시 원인이 있다. 결국 선행자극, 정보가 관계되어 있다고 지적하는 데 조금 저항감이 있을지도 모른다. 그 점도 고려해 이 책 첫머리의 사고에 관한 정의에서는 굳이 자극(정보)이라는 말을 삭제했다. 이 점 한마디, 미리 양해를 구해놓고자 한다.

걸으면서 사색하고 시상을 연마한 나카하라츄우야

1937년 서른의 젊은 나이에 요절한 서정시인, 나카하라츄우야 中原中也에게는 한밤중 몇 시간씩 계속 걸어 다니는 이상한 습관이 있었다. 사실은 나도 걷는 것이 취미 중 하나여서 마음이 동하면 하염없이 발길 닿는 대로 걷는다. 그래서 미래에 분명 '배회노인'이 될 거라고 생각한 적도 있었는데 이것은 실없는 농담이 아니다. 내가 아는 배회노인 할머니도 일찍이 프로 골퍼였는데, 오랜 세월 단련된 건강한 다리 탓에 본능적으로 발이 움직여버리는 것 같다.

어쨌든 걷는 것을 좋아하는 나로서는 나카하라의 습관의 의미를 조금이나마 알 것 같다. 그는 그렇게 하면서 사색을 하고 시상을 다듬었던 것이다.

걷는 행동은 더없이 단순소박한 행동이지만 어쩐지 무시할 수가 없다. 특히 지적해두고 싶은 것은 천천히 걷는 리듬이 사색의 리듬에 딱 들어맞는다는 점이다. 그것은 허둥대지 않고 생각할 수 있는 리듬, 다양한 생각을 천천히 떠올려 전환하거나 반추해 숙성시키기도 하는 좋은 리듬이다.

신체와 뇌가 연동해 사고활동이 이루어진다

독일의 철학자 칸트가 매일 시계로 잰 듯한 정확한 시간에 산책하는 것을 일과로 삼았던 것은 너무나도 유명한 일화다. 베토벤도 산책을 즐겼다. 사상가, 문인들 중에는 산책을 일과로 삼았던 사람들이 매우 많다.

단순히 가벼운 건강법, 기분 전환이라는 의미도 있을 테지만 그것이 신체를 움직이면서 하는 사색, 행동적 사고이기도 했던 것은 의문의 여지가 없다.

잠시 조깅 붐이 일어 그것과 관련해 "러너스하이runners high"라는 현상도 나타나게 되었다. 습관적으로 조깅을 계속하다 보면 30분 정도 달린 지점부터 뇌 내 몰핀이 활발히 분비되어 정신이 고양되고 쾌감이 생긴다. 이것이 "러너스하이"인데, 좋은 아이디어가 떠오르기 쉬운 상태다.

이것으로부터도 사고활동에는 신체와 뇌가 긴밀하게 연동해 있다는 것을 알 수 있다. 반대로 말하면 우리들은 신체를 움직이면서 영리해질 수 있다는 것이다. 그런 의미에서 언제나 부산하고 복잡하게 차나 전철로만 다닐 것이 아니라 자기 발로 거리나 자연 속을 유유히 걸으면서 사색하는 습관을 들이라고 권장하고 싶다.

크게 세 가지로 분류할 수 있는 행동적 사고법

지금까지 서술한 것처럼, 사고와 행동은 서로 깊은 영향을 미치고 있다. 원리적으로는 사고가 행동에 앞선다. 사고가 주도권을 쥐고 실제로 행동을 지배하는 경우가 많다. 그러나 그것과 동시에 사고(뇌)는 행동에 의해 강하게 영향을 받는다. 행동의 과정, 그리고 결과가 시시각각 뇌에 입력input, 재생feedback되고, 그 이후의 사고는 그들 다수의 행동정보를 전제로 전개되어 나간다.

이번 장에서 살펴볼 행동적 사고법은 이런 사고와 행동 사이의 상호작용에 주목해 그것과 조화를 이룬 형태로 편성된 일련의 사고법인데 크게 다음의 세 가지로 분류할 수 있다.

❶ 행동과 직결되는 사고법

훌륭한 사고는 자연스럽게 행동을 이끌어내고 행동을 촉진한다. 그 결과 커다란 성과를 얻을 수 있다. 이 분야의 행동적 사고법의 대표격은 판단술이고 이것에 대해서는 차차 자세히 설명하겠다.

판단을 잘하고 못하고는 행동, 성과를 크게 좌우한다. 그래서 우리들은 행동을 좀 더 잘하기 위해서라도 판단술을 비롯한 행동직결형 사고법을 마스터해둘 필요가 있다.

❷ 사고와 행동을 연계시키는 사고법

사고와 행동을 무리하게 갈라놓지 않고 밀접하게 연계시키는 것으로도 효과적인 지혜나 노하우를 얻을 수 있다. 사고와 행동의 긴밀한 연계활동play, 공동작업화collaboration가 성과를 높인다. 이것도 우리들이 반드시 습득해야 할 중요한 행동적 사고법이다.

❸ 행동이 사고에 영향을 미치는 것을 근거로 한 사고법

의외로 간과하기 쉬운데, 행동이 사고에 영향을 미치는 경우에는 반대로 행동의 방법이 사고의 성과와 직결된다. 아주 사소한 행위나 단순작업조차도 놀라울 정도로 사고를 활성화시킨다. 행동에 의해 '지知'를 획득하는 이 방법은 과연 또 하나의 초사고법이라고 할 수 있을 것이다.

이상 세 종류로 이루어진 행동적 사고법은 사고와 행동의 상호 영향 작용을 토대로 하고 있기 때문에 실로 이치에 맞는 자연스럽고 무리 없는 사고법이다. 또 그것은 신체를 움직이면서 영리해질 수 있다는 점에서 누구나 원하고 또 이룰 수 있는 실천적인 사고법이다.

정확한 행동을 하기 위한 판단술

행동과 가장 연관성이 깊은 사고활동, 판단

행동적 사고법에 대해 생각하는 경우, 우리들은 맨 먼저 판단이라는 사고활동에 주목할 필요가 있다. 왜냐하면 판단은 다양한 사고활동 중에서 여러 가지 의미로 행동과 가장 연관성이 깊기 때문이다(제1장의 사고지도 참조). 판단은 사고 중에서 행동적 성격이 가장 강하다고 해도 좋다.

수험생이 몹시 고민한 끝에 지망 대학을 두 학교로 정할 결심을 한다. 이것은 중대한 판단인데 일단 그렇게 판단했다면 그 수험생은 두 학교에 들어가기 위해 일련의 행동을 실행할 것이다. 결국 판단은 자연스럽게 행동을 유발한다.

또 판단은 종종 행동 자체를 결정하기 위해 행해진다. 재판을 할 때는 법정에서 중대한 판단이 이루어지고 형이 강제력을 갖고 집행된다. 판단이 행동을 세부까지 구속하게 된다. 나아가 판단이 행동과 한층 더 직결되는 경우가 있는데 그때 판단이란 행동과 거의 일치한다.

재판관은 판결을 내리는데 형의 집행까지 혼자서만 하는 것은 아니다. 판단과 행동은 아직 떨어져 있다. 그러나 역 매점에서 잡지를 살까 말까 망설인다고 해보자. 만일 사겠다는 판단을 내렸을 때는 대금을 지불하는 행동으로 직결된다. 대개 바로 뒤에는 잡지를 읽는 행동도 수반된다. 점심을 먹기 위해 거리를 돌아다니며 "오늘은 여기서 정식을 먹어야지"라고 정했다고 하자. 그렇게 판단하는 것은 정식을 먹는 행동과 아주 밀착되어 있다. 먹는 판단이 곧 먹는 행동이다.

그런 까닭으로 판단은 행동적 사고법에서 지극히 중요한 역할을 담당한다. 그럼 이러한 특성을 지닌 판단을 적절히 해 성과를 올리기 위해서는 어떻게 하면 좋을지 이제부터 서술해 나가기로 하겠다.

대부분의 일상생활에서 도움이 되는 실천적 사고

판단은 우리들의 생활과 가장 연관성이 깊고, 그런 이유로 가장 활용 빈도가 높은 실용적인 사고다.

일상생활에서 우리들은 사소한 것까지 합치면 무수한 판단을 반복하고 있다. 극단적으로 말하자면, 아침에 눈을 뜨는 순간부터 우리들은 판단하지 않고는 한 걸음도 나아갈 수 없다. 바로 세수를 할지, 신문을 가지러 갈지, 아니면 옷을 갈아입을지, 어느 쪽으로든 정하지 않으면 움직일 방도가 없는 것을 알 수 있다.

한편 매니지먼트의 세계에서 판단은 의사결정decision making

이라고 불리며 그 중에서도 특히 중대한 것이 결단이라고 한다.

이렇게 판단은 먼저 세수를 할지, 옷을 갈아 입을지와 같은 극히 사소한 생각에서부터 그야말로 전쟁을 할지 말지, 새로운 사업에 뛰어들지 말지와 같은 고도의 전략적인 사고에까지 관련되어 있다.

그럼 판단은 왜 이렇게 활용범위가 넓은 사고일까? 우선 판단은 앞에 말한 것처럼 행동에 인접해 행동과 서로 겹치는 사고이기 때문이다. 이 특성을 반영해 판단은 매우 현실적이고 합리적인 사고를 창출한다.

그런 의미에서 판단은 구체적이고 실천적인 사고라고 해도 좋다. 분명 사고가 너무 공상적이거나 추상적이면 행동으로 이어지기가 어려워진다. 구체적이고 실천적인 사고니까 판단은 대부분의 일상생활에서 즉효를 볼 수 있는 것이다.

다양한 사고활동과 횡적으로 결부된 판단 소프트웨어

또 한편으로 판단은 다른 많은 사고와 횡적으로 결부되어 연합해 작용하는 사고이기도 하다.

예를 들면, 컴퓨터의 OS Operating system와 같은 작용인데 판단이라는 사고에는 바로 그런 소프트웨어가 있다. 그런데 OS는 처음부터 컴퓨터에 프로그램되어 있어 사용자가 손을 댈 수 없는 반면 판단의 소프트웨어인 판단 OS는 누구나 자신의 머릿속에서 의식하기만 하면 얼마든지 자유롭게 사용할 수 있다. 그러므로 굉장한 무기가 되는 것이다.

또, 다른 사고인 추리, 분석, 상상, 기억 등과 자신을 연합시켜 성과를 올린다는 점에서는 집중력(정신집중)과 비슷한 면도 있다. 딱 잘라 말하면, 집중력은 수직적인 데 비해 판단은 수평적이고 횡적이다. 그런 이미지로 이해해두면 좋겠다.

이 연합 소프트웨어가 판단의 다양한 활동을 가능하게 한다. 그것은 다른 사고, 사고력의 도움을 빌거나 혹은 그것들과 협력, 함께 작용해 일체가 되어 최대의 성과를 올리려고 하는 소프트웨어다.

판단 소프트웨어의 내역을 몇 가지 들어 보면,

① **시야능력과의 연합.** 시야를 넓혀 넓은 시야로 생각하고 판단하는 것이 가능해진다. 이것에 의해 판단에 확장성이 부여된다.

② **유연하게 사물을 보는 법을 터득한다.** 그것이 판단이라는 사고에 유연성을 부여한다.

③ **필요에 따라, 때로는 경우에 따라 분석하고 깊이 파내려간다.** 이 경우, 판단과 분석은 나누기 어려워 동시 진행하는 경우가 있다.

④ **논리화.** 판단의 시비(옳고 그름)는 논리성에 의해서도 크게 좌우된다. 판단에 논리라는 소프트웨어가 덧붙는다(논리판단). 재판은 그 좋은 예다. 거기에서는 검찰관, 변호사, 그리고 재판관 3자의 논리판단이 격돌한다. 본질적으로는 올바른 논리판단이 최후에는 말을 하는 것이다.

이러한 소프트웨어를 사용함으로써 판단은 놀랄 만큼 생산적인 사고로 거듭난다. 그것은 물론 초사고, 초사고법에도 없어서는 안 되는 것이다.

판단이란 구체적으로 어떤 사고활동인가

판단의 소프트웨어에 대해서 서술했는데, 그럼 여러분의 경우도 이러한 판단사고의 특성, 장소를 충분히 인식하고 활용하고 있는지 반드시 체크해보자. 그 대답이 "YES"라면 더할 나위 없고 만약 "NO"라면 앞으로 판단의 다양화, 고도화, 생산성의 향상에 더욱 노력하길 바란다.

이상의 사항을 염두에 두고 판단이라는 사고활동을 이렇게 정의해보자. 즉, 판단이란 복수의 선택지를 놓고 그 중에서 어느 판단기준에 따라 최적의 것을 선택해 결정하는 사고활동이다.

이 정의에 따라 판단의 본질이 명확해지는데, 여기에는 세 가지 포인트가 있다. 그에 따라 이제부터는 훌륭한 판단의 방법에 대해 해설하고 보충설명을 붙여 나가보자.

선택지의 수가 판단의 질과 정밀도를 좌우한다

판단에 따른 첫째 포인트는 선택지다.

선택지에 들어가는 것은 정보, 데이터, 논리, 해결안 등이다. 자신이 취해야 할 태도, 행동을 A안, B안, C안같이 상기한다. 이것을 선택지를 나열한다라고 한다. 이 과정에서 가장 중요한 것은 판단의 대상이 되는 테마나 안건에 대해 가능한 한 많은 선택지를 나열하는 것이다. 만약 선택지가 하나밖에 없다면 아무리 레벨이 낮은 것이라 해도 그것을 채용할 수밖에 없다. 마찬가지로 선택지의 수가 한정될수록 선택의 폭은 좁아진다. 선택지의 수는 판단의 질, 정밀도를 좌우한다.

여기 선택지를 가능한 한 많이 나열하기 위해 유효한 노하우를 몇 가지 적어 놓았다.

① **시야를 마음껏 넓힐 것.** 보다 넓은 시야에서 보다 많은 선택지가 얻어진다. 시야를 확대해 비로소 최상의 선택지가 발견되는 경우도 적지 않다.

② **분석할 것.** 분류, 계층별 구분, 분해, 세분화, 절단 등에 의해 대상이 분해되어 그 몫만큼 선택지의 수가 늘어난다.

③ **사물을 보는 각도를 바꾸는 등 사물을 보는 방식을 유연하게 할 것.**

④ **어떻게든 자기 혼자서 생각하고 사항을 정하려고 하지 말고, 타인의 생각, 지혜를 빌릴 것.** 이것도 꼭 권하고 싶은 실천적인 노하우다. 타인의 사물 보는 방식을 참고로 하는 것도 앞 항의 사물 보는 방식을 유연하게 하는 것과 연결된다.

이와 관련하여 또 하나 중요한 것은 어느 단계에서 선택지는 이것뿐이라고 안이하게 결정해버리지 말고 만일을 위해 "그밖에 또 다른 방법은 없을까? 선택지는 더 없을까?" 하고 생각하는 습관을 들이는 것이다.

현실에는 이렇게 다시 한 번 주의해보는 데서 나오는 생각, 선택지에 대단히 뛰어난 것들이 많다. 소위 '심사숙고의 산물'이기 때문이다.

판단기준이 확립되어 있지 않기 때문에 우유부단해진다

판단에 따른 두 번째 포인트는 판단기준이다.

　판단기준으로는 판단의 잣대, 척도로 손익, 이해, 가치나 효용의 대소, 사회성의 유무, 기타 다양한 차원의 것들이 있다. 객관적이거나 합리적인 기준만이 아니라 가치관, 신념, 신조라고 하는 주관적인 척도도 판단기준으로 적지 않게 이용된다.

　판단기준은 그것이 어떠한 것이 됐든, 판단에 있어서 선택지보다 나으면 낫지 못하지 않다. 그 정도로 중요하다.

　판단기준이 없는 경우는 물론이거니와 판단기준이 애매하거나 목적 없이 흔들린다면 아무리 좋은 선택지가 있어도 최선의 판단은 할 수 없다. 선택지 중에 최선의 것을 눈을 멀뚱멀뚱 뜨고서 놓치거나 최악의 선택지를 고를 위험성이 항상 따라다닌다.

　흔히 "상사가 우유부단하다"라든가 "그 사람은 기회주의자다"라고 하는, 본인의 성격과 관련된 말을 듣는 경우가 많은데 이를 두고 반드시 성격의 문제라고만 할 수도 없다. 그 사람에게 판단기준이 없었거나 목적 없이 흔들린 부분에 문제의 본질이 있는 경우도 많다.

판단기준을 설정, 활용하기 위한 기본 원칙

　그럼, 최선의 판단을 하기 위해 판단기준을 어떻게 설정하고 활용하면 좋을까? 그를 위한 노하우를 제시해보겠다.

① 판단기준은 확고하고 명쾌한 것이 아니면 안 된다. 그런 판단기준을 확실히 가져야 한다.

② 판단기준을 유효하게 활용하려면 판단 테마, 선택지와 판단기준을 조화시킬 필요가 있다. 둥근 것을 막대자로는 잴 수 없다. 항상 이 경우에는 어떤 척도로 평가하고 판단하는 것이

최선일지를 생각하도록 하자.

③ 앞의 항에서 자연스럽게 도출되는 것인데, 다종다양한 판단 케이스에 최대한 대처하기 위해서는 하나만이 아니라 상응하는 수의 판단척도를 준비해 사용하는 것도 필요하다. 아무쪼록 판단기준을 잘못 할당하지 않도록 주의하기 바란다.

④ 판단기준에서도 주변의 도움을 빌어 여러 가지 생각을 받아들이는 유연한 태도, 사물을 보는 방식이 중요하다. 그럼으로써 판단기준도 균형이 잡히고 보다 뛰어난 판단을 할 수 있게 된다.

⑤ 판단기준에는 질의 문제도 있다. 정밀도가 엉성한 잣대로는 대상을 정확히 잴 수 없지만, 정밀한 센서라면 미묘한 부분까지도 오류 없이 잴 수 있다. 질 높은 판단기준을 설정하려면 특히 논리적으로 생각하고 판단척도를 제대로 정하도록 노력하는 것이 중요하다.

이밖에도 매우 중요한 실천 룰이 또 하나 있다. 원칙적으로 하나의 판단케이스에 하나의 판단기준을 적용하는 룰이다. 뒤집어 말하면, 이것은 이중기준 금지 룰이다. 두 개의 혀처럼 이중기준을 사용하면 판단에 모순이 생기거나 판단의 줄거리가 애매해지거나 판단에 일관성이 없어지기도 해 혼란을 일으킬 수 있으니 꼭 주의해야 할 것이다.

행동과 결부된 선택결정을 하는 것이 판단의 최종목적

마지막으로, 판단의 세 번째 포인트는 선택하고 결정하는 것이다.

논리적으로 생각하면, 선택지가 적절하고 판단기준이 제대로서 있기만 하다면 그것으로 이야기는 끝이어서 자연스럽게 선택, 결정이 가능해질 거라고 생각할 수 있다. 하지만 사실은 그렇지 않다. 판단이란 행동을 의식하고 행동을 촉진하고 또 최종적으로는 행동에 의해 그 타당성과 성과를 묻는 사고활동이다.

바꿔 말하면, 판단의 결말인 선택하고 결정하는 활동이란 약간이나마 혹은 때로는 본인의 강한 태도결정이나 책임감, 그리고 용기를 수반하는, 빼도 박도 못하는 행동의 선택이자 결정인 것이다.

판단은 행동과 연결되어 있다. 그것은 행동을 실현하는 사고다. 그런 의미에서 선택과 결정은 그야말로 판단의 최종 목적이며, 선택과 결정을 빼놓은 판단은 이미 결함품이라고 하지 않을 수 없다.

판단을 비롯해 고도의 전략적 의사결정이 요구되는 경우에는 이 선택·결정에 종종 강한 책임감이나 결의, 각오나 용기가 요구된다. 하지만 현실에서는 판단할 수 있어도 판단하지 않는(이치에는 맞지만 결정, 결단, 행동으로 옮기지는 않는다) 사람이 무수히 많다. 그래서는 진정한 의미에서 판단했다고 볼 수 없을 것이다.

판단전제의 인식에서 판단은 시작된다

지금까지 판단의 세 가지 포인트를 설명했는데 딱 한마디만 덧붙이겠다.

나는 판단전제라고 부르고 있는데, 앞의 세 가지 포인트에 앞서 본인을 둘러싼 환경이나 상황, 본인의 문제의식 등도 판단이라는 사고활동에 직접 간접적으로 영향을 미친다. 왜냐하면 그것이 전제조건

이 되어 판단의 요구가 확실히 의식되거나 판단해야 할 테마가 형성
되기도 하기 때문이다.

그것까지 고려한다면 판단의 포인트는,

① 판단전제

② 선택지(옵션)

③ 판단기준

④ 선택·결정

의 네 가지가 된다.

더 이상 자세하게는 언급하지 않겠지만 판단이라는 사고활동이
판단전제의 인식에서 시작되는 것을 생각하면 자신을 둘러싼 상황을
인식하거나 분석하는 것, 한편으로 자신의 감수성이나 문제의식을 연
마하거나 깊게 하는 것도 판단의 감각이나 힘을 기르기 위해 매우 유
효한 것이다.

③ 사고와 행동을 일체화시키자

대뇌와 소뇌의 활동 차이

앞에서 행동적 사고법의 세 가지 분류에 대해 간단히 설명했는데 여기서부터는 그 두 번째, 사고와 행동을 연계시키는 사고법을 설명하겠다.

사고와 행동이 상부상조의 관계에 있다는 것은 앞서 설명했다. 양자는 떼어놓을 수 없고 일체가 되어 성과를 낳는다. 우리들은 이 상호작용을 능숙하게 활성화하는 것이 유리하다. 사고와 행동을 함께 활동하게 해 쌍방의 공동·상승작용으로 사고의 성과도 행동의 성과도 높여갈 수 있다.

이런 관점에서 먼저 소개하고 싶은 노하우가 대뇌·소뇌 베스트 병용술이다.

우리들이 스포츠의 기술이나 어떤 새로운 작업, 동작, 기능을 학습해 숙련시켜 나가는 과정과 관련해 뇌 생리학이 가르쳐주는 매우 흥미로운 사실이 하나 있다.

처음 얼마 동안은 전적으로 대뇌가 작용한다고 한다. 일반적으로 우리들은 익숙하지 않은 것에 대응할 때 일일이 생각하거나 시행착오를 거치면서 신중하게 조심조심 배워나간다. 그런 때는 대뇌가 주로 관계하고 있다는 것이다. 그런데 일단 학습이 진행되고 숙련됨에 따라 주역은 대뇌에서 소뇌로 옮겨진다. 기술이나 기능이 완벽하게 몸에 밴 상태, 결국 흔히 "신체가 자연스럽게 움직이고 반응하는" 상태에서는 오로지 소뇌가 활동을 한다.

여기까지의 설명으로 대뇌와 소뇌가 능숙하게 연계해 역할분담을 하고 있다는 것을 알 수 있다. 물론 대뇌가 생각하고 소뇌가 행동하는 것이다.

슬럼프에서 탈출하려면 대뇌와 소뇌의 연대가 필요하다

잘 알려져 있듯이 소뇌는 운동과 반사의 중추다. 소뇌는 신체를 능숙하게 움직이도록 조절해 행동의 성과를 올린다. 나아가 운동에 숙달되면 굳이 생각을 떠올리지 않아도 신체가 거의 반사적으로 움직이게 된다. 그런 의미에서 기능의 향상, 숙련, 체득, 습관화 등은 반사에 가까운 기제, 상태라고 할 수 있을 것이다.

그러나 이것으로 끝이 아니다.

일류 스포츠선수라도 가끔 슬럼프에 빠지는 경우가 있다. 가령, 심리적 장벽에 부딪친 이후에는 더 이상 기록이 늘지 않는다. 매우 심각한 상황이지만 그 벽을 뛰어넘는 것말고는 다른 해결책은 없다.

그럴 때 다시 대뇌가 맹렬하게 활동하기 시작한다. 동료(소뇌)의 곤궁한 상태를 모른 척하며 내버려두지 않는다는 것이다. 벽에 부딪힌 선수는 머리를 싸매고 생각한다. 폼을 바꾸거나 새로운 연습법도 익혀보고 여러 가지 시행착오를 거듭한다.

이렇게 대뇌가 지혜를 짜내 해결책을 끄집어내면 그 다음은 다시 소뇌가 받아들인다. 새로운 폼, 새로운 플레이 능력을 신체에 새겨넣어 숙련시켜간다.

이런 반복으로 대뇌와 소뇌는 머리와 신체, 사고와 행동을 정말 균형 있게 움직이고 있다. 사고 자체를 고속화해 두뇌 회전을 빠르게 하기 위해서라도 대뇌에만 의존하지 말고 대뇌와 소뇌가 연계하도록 돕는 것이 좋다.

8장에서 직관이나 영감에 대해 언급했는데 이것도 마찬가지로 소뇌의 행동적 측면, 그러니까 리드미컬하고 스피디한 운동기능이나 반사, 반복기능이 부분적으로 관련되어 있다고 생각한다.

사고와 행동이 풀가동하는 대뇌·소뇌 베스트 병용술

이상 서술한 대뇌와 소뇌의 작용, 역할분담을 근거로 하여 대뇌·소뇌 베스트 병용술의 포인트를 소개한다.

①　뭔가 새로운 것을 배우고 마스터하고 싶다면, 대뇌를 활발히 작용하게 하여 여러 가지를 생각한다. 요컨대 생각만 하면 된다. 그렇게 하면 자연스럽게 대뇌가 활동한다.

②　더욱 많이 연구하고 시행착오를 반복한다.

③　행위나 작업은 물론 사고활동 중에도 반복, 표준화, 습관화

가 가능한 것, 기술화할 수 있는 것을 찾아낸다.

④ 특히 유효성이 높은 것, 용도가 넓은 것 등은 반드시 기술의
  형태로 습득하도록 노력한다.

⑤ 거기까지 가면 나머지는 그것을 반복해 일일이 생각하지 않
  고도 가능한 부분까지 습관화한다.

누구나 쉽게 할 수 있는 사고와 행동의 연계 노하우

사고와 행동을 훌륭히 연계시켜 성과를 올리는 방법을 하나 더
소개하려고 한다.

그것은 바로 다음의 두 가지 룰로 이루어진다.

① 생각이 멈췄을 때는 움직여라, 신체를 움직이게 해라(→그러
  면 생각이 움직인다).

② 생각이 움직이기 시작했다면 신체를 멈추고 움직이지 말아라.

이 노하우는 우선 무엇보다 정말 단순명쾌하다. 보면 알 수 있
듯이 지금 당장이라도 바로 실천할 수 있다. 게다가 별것 아닌 노하우
처럼 보여도 의외로 효과가 크다. 또 성공률이 높고 즉각적인 효과가
있다. 그러므로 매우 바쁜 사람이나 바로 결과를 보고 싶어 초조해 하
는 사람에게는 특히 권장할 만하다. 이 노하우를 사용할 기회는 무수
히 많다. 나는 이 방법을 얼마나 많이 사용하는지 수를 헤아릴 수 없
을 정도다.

이 노하우의 에센스는 사고와 행동 모두를 '움직인다'와 '멈춘
다(움직이지 않는다)'는 단순한 행동기준으로 이어 붙여서 사고, 행동

양자의 생산성을 동시 병행해 높일 수 있게 한 점에 있다.

결국 이 경우, 사고와 행동 중 어느 쪽만을 반드시 움직이게 한다. 거기에 사고와 행동 양자를 다이내믹하게 활성화시키는 비밀이 있다. 반대로 쌍방이 움직이는 것도 쌍방 모두 움직이지 않는 것도 문제다. 전자는 활동에너지가 분산되고 후자는 사고, 행동 모두 정체되어 활발하지 못하게 될 수 있기 때문이다.

그런 의미에서 이것은 의식(사고)이라는 말을 추방하고 의식활동도 행동으로 간주하는 행동주의 심리학의 도식과 우연히 일치되어 있다고 할 수 있다.

좋은 생각이 떠오르지 않을 땐 신체를 움직여라

그럼 서론은 이 정도로 해두고 이 노하우의 요령에 대해 해설하겠다. 우선 첫 번째 룰부터.

알기 쉬운 예로, 좋은 생각이 떠오르지 않을 때 무의식적으로 방 안을 왔다 갔다 하면서 돌아다니는 사람이 있다(나도 자주 하는 일이다). 도쿠가와 이에야스德川家康는 그럴 때 손톱을 깨무는 버릇이 있었다고 한다. 호두를 손 안에서 빙글빙글 회전시키는 사람도 있다. 담배를 피운다, 세수를 한다, 껌을 씹는다, 체조를 한다 등도 같은 의미 있다.

나는 그럴 때, 적당한 때를 골라 그 장소에서 이동하는 경우가 많다. 찻집 A에서 생각이 막히면 찻집 B로 자리를 옮긴다. 그래도 생각이 멈춰있다면 과감하게 다른 찻집 C로 바꾼다. 그런 식으로 장소를 옮겨 다니는 경우도 있다.

혹은 복잡한 거리를 돌아다니며 그 시간을 즐긴다. 번화가는 자극적인 것들로 가득차 있어 행동하는 데 적합한 장소이기 때문이다.

몇 가지 사례를 들어보았는데, 요컨대 멈춰버린 사고를 흔들어 움직이는 방법이라는 점에서 공통점이 있다. 신체를 움직이면 정체되어 있던 사고도 흔들려 움직이기 시작한다. 이는 지극히 자연스러운 것이다.

집중해 생각하고 있을 때는 신체를 움직여서는 안 된다

그럼, 두 번째 룰로 넘어가보자.

생각이 움직이기 시작했을 때는 반대로 행동에 정지신호를 거는 쪽이 좋다. 신체를 움직이면 움직이는 데 약간이라도 주의를 빼앗겨 생각에 전념하기가 어렵기 때문이다. 보는 각도를 바꾸면 활동에너지가 행동으로 분산, 소비되어 에너지 손실이 생긴다는 것이다.

실내에서라면 생각이 움직이기 시작했을 때 바로 책상에 앉는다. 그리고 메모를 준비한다. 여하튼 움직이던 신체를 멈추고 가만히 있는 것이 좋다. 밖에 있을 때라면 걸음을 멈춘다(벤치가 있다면 거기 앉아라). 어딘가 주변의 안정을 취할 수 있는 장소를 찾아 재빨리 자리를 잡는다. 그렇게 함으로써 모처럼 움직이기 시작한 생각이 다시 멈추거나 손실되지 않도록 주의한다.

같은 이치로, 어떤 사항에 집중하고 있을 때는 절대 움직여서는 안 된다. 왜냐하면 아주 조금 움직이는 것만으로도 집중의 끈을 놓쳐버릴 수 있기 때문이다.

그 정도로 뇌가 생산적, 창조적인 태세에 들어가는 것은 대단한 일이다. 그런데 그 귀중함을 깨닫지 못하고 경솔하게 움직여버림으로써 집중력은 쉽게 해제된다. 그렇게 되면 원래 상태로는 좀처럼 돌아가기 어렵다.

"멈췄으면 움직여라. 움직였으면 멈춰라." 이 단순한 한 쌍의 행동지침을 잘 지켜 사고와 행동의 생산성을 크게 높이길 바란다.

행동이 사고에 영향을 미친다

커피숍에 들렀다가 떠오른 아이디어

이제 앞에서 소개한 행동적 사고법의 세 분류 중 세 번째, 행동이 사고에 영향을 미치는 것을 근거로 한 사고법에 눈을 돌려보자.

행동이 사고에 영향을 미치는 것처럼 작용한다는 것은 앞에서 서술했는데, 그 점에 주목해 행동을 통해 사고를 활성화시켜 성과를 올리는 훌륭한 노하우가 생겨난다.

우선 에피소드 하나를 소개해보겠다.

어느 날 밤, 나는 원고를 쓰다가 아이디어가 조금 막혔다. 다음 날 아침 일터로 향하는 길에서도 아이디어가 전혀 떠오르지 않았다. 생각이 답답하게 꽉 막혀 있었다. 그래서 일터로 가는 지름길에 있는 커피숍 〈르느와르〉에 들어가 커피를 한 잔 마셨다. 10분도 채 지나지 않아 그렇게 찾아내려고 했던 아이디어가 번뜩 떠올랐다.

이런 경험은 특별한 것이 아니고 흔히 있는 일이다. 커피숍에 가지 않고 일터로 직행해 책상에 앉았어도 아이디어가 떠올랐을 거라고 생각하는 것은 솔직하지 않다. 그때 커피숍에 갔기 때문에 아이디어가 떠올랐다고 생각하는 것이 더 자연스럽다.

이것은 앞서 말한 '생각이 멈췄을 때는 신체를 움직여라(그렇게 하면 생각이 움직인다)' 라는 룰과도 관련이 있다. 결국 행동함으로써 머리가 회전하기 시작해 찾고 있던 아이디어가 떠오른 것이다.

행동하면 사고는 반드시 자극을 받는다

왜 이런 일이 일어나는지 그 원인은 이미 서술했는데 다시 간단히 설명해둔다.

예의 '자극→사고→성과'의 도식을 다시 한 번 떠올려보자. 결론부터 말하면 커피숍에 들러 커피를 마셨다는 행동은 이 도식 중의 자극에 해당된다. 사고는 뇌에 입력된 자극을 받아 활동을 전개한다.

요컨대 커피숍에서 커피를 마시는 행동(자극)이 그때의 뇌 활동에 강한 영향을 미쳤다. 즉, 자극을 받았기 때문에 사고가 움직이기 시작했다는 이치다. 계속해서 뇌에 자극을 주려고 직접 머리를 박박 문지르거나 하는 물리적 자극이 없어도 된다는 것을 알 수 있다. 행동만 하면 되는 것이다. 행동하면 반드시 사고는 어떤 자극을 받는다. 거기에 행동의 중요성이 있다.

고립된 행동이 아니라 행동상황 속에서 뇌는 자극을 받는다

나아가 생각을 더 발전시켜보자. 커피숍에 들러 커피를 마시는 행동을 더욱 크게, 주위 상황과 관련시켜 상황 속에서 취하는 것도 매우 중요하다. 행동을 주변의 상황과 떼어놓고 고립시켜 단순히 행위나 작업으로 수축시켜버리면 행동의 의미나 가치의 대부분을 잃게 된다.

가령, 이 행동을 '커피숍' '커피' '마신다'의 세 요소로 축소해버리면, 뇌를 자극해 사고를 활성화시키는 작용은 거의 없어질 것이다.

커피숍에 갔기 때문에 아이디어가 술술 나오는 것은 아니다. 커피를 마시는 것이 결정타도 아니다. 만약 커피를 마시는 것이 결정타라면 나는 일터로 직행해 커피부터 벌컥벌컥 마셨을 것이다.

반대로 커피숍에서 커피를 마신다는 행동을 주위 상황 속에 확장시켜 녹아들게 해보자. 그러면 커피숍의 정경이 자연스럽게 눈에 들어온다. 옆자리에 앉은 손님의 모습, 들려오는 이야기의 내용, 바쁘게 움직이는 점원의 모습, 흘러나오는 음악소리, 컵과 접시가 부딪치는 소리 등 오감을 통해 다양한 정보가 날아든다. 이때 커피숍에서 커피를 마신다는 행동은 이들 모두를 포함한 것이 된다.

이렇게 행동을 행위와 작업으로 축소하는 대신에 행동상황으로 받아들임으로써 행동은 대량의 정보를 포함하게 된다. 그러므로 뇌는 강한 자극을 받아 생각이 활성화되는 것이다. 이것을 상황화 노하우라고 부르자.

행동은 사고를 활성화시키는 매우 중요한 조건이지만 무작정 행동한다고 되는 것은 아니다. 더구나 행동을 단순한 행위나 작업이라는 요소로 환원하는 것은 엉뚱한 방향(예상착오)의 결과를 가져올 수 있다.

행동을 상황화하고, 행동상황 속에서 생각해라. 그러면 행동은 사고를 부풀려 사방팔방으로 뻗어나가게 한다. 그렇게 행동과 사고가 손을 잡을 때 사고회로는 스파크를 일으켜 눈부신 아이디어가 쏟아져 나오는 것이다.

행동계열이란 무엇인가

이상 서술한 노하우를 더 발전시키면, 한층 수준 높고 용도가 넓은 노하우가 얻어진다. 간단히 말하면 상황화 노하우에 시간의 축을 더한다.

우리들은 매일 습관적인 행동, 일회성의 행동을 포함해 다양한 행동에 연관되어 있다. 커피숍에서 커피를 마신다는 행동 전후에도 그 밖의 수많은 행동이 연결되어 있다.

이것을 시간의 관점에서 바라보면, 시간축을 따라 앞의 것에서 뒤의 것으로 순서대로 나열해 정리해나가는 것이 가능하다. 이렇게 점점 잇달아 일어나 관련되어 가는 여러 가지 행동을 행동계열이라고 부른다. 이 행동계열이 앞서 말한 행동의 상황화보다 사고의 활성화에 있어서 더욱 유효하다.

떼어놓을 수 없는 관계에 있는 사고와 행동계열

어떤 문제를 해결하기 위해 생각하는 경우를 생각해보자. 행동계열의 유효성을 알려면 가능한 한 중대하고 심각한 문제를 떠올리는 것이 이해가 쉬울 것이다.

문제해결을 위해 일정 정도 시간을 들여 계속 생각해나간다. 시간이 얼마나 걸리는지는 경우에 따라 다르다. 반나절 만에 해결되는 경우도 있을 것이고 며칠, 일주일, 때로는 반년, 일 년이 걸리는 경우도 있다.

어쨌든 그 사이 생각하는 것에 병행해 전후로 다양한 행동이 이루어진다. 거기서 결정적인 순간에 초점을 맞춘다. 문제해결의 결정타가 되는 아이디어(X)를 중심으로 앞서 이루어진 번뜩이는 일련의 행동들을 가능한 한 세밀하게 관찰, 분석해볼 필요가 있다.

이때의 행동계열을 임시로 행동 a→b→c→d→e→f→g→… 였다고 해보자. 물론 그 중에는, 2시간짜리 회합의 사회를 맡았다, 차로 1시간 달렸다, 2시간 걸려 서류를 작성했다, 2시간 꽉 채워 수영을 했다와 같은 큰 행동도 들어갈 것이다. 또, 옷을 갈아입었다, 커피를 마셨다, 길에서 아는 사람을 만나 2~3분 서서 이야기를 나눴다, 담배를 피웠다, 편지를 읽었다, 손톱을 깎았다와 같은 극히 작은 행동도 섞여 있다.

여기서 가장 중요한 것은 행동계열 a→b→…f→g→…와 결정적인 아이디어(X)가 밀접한 불가분의 관계에 있다는 것이다.

행동계열은 앞의 행동상황에 시간의 차원이 더해진 또 하나의 커다란 행동상황이다. 그 행동상황은 당연히 뇌를 한층 더 강하게 자극해 사고를 유발시키지 않고는 못 배길 것이다.

그렇다면 아이디어(X)는 그것에 선행하는 a→b→…f→g→… 라는 특정한 행동계열이 없으면 생겨날 수 없었다고 해도 좋다. 바꿔 말하면, '거기서 생겨난 사고(X)는 거기에 이르는 일련의 특정한 행동계열의 영향을 반드시 받고 있다'는 것이다.

행동계열이 변하면 사고도 변한다

　다양한 행동, 행위, 작업 등으로 이루어진 행동의 집합(세트), 그리고 시간성을 띤 행동계열은 사고에 나름의 영향을 미치지 않고는 못 배긴다. 행동계열의 사고에 대한 영향과 작용에 대해서는 더욱 올바르게 인식해야 하는 경우가 있다. 즉, 특정한 사고는 특정한 행동계열로부터 유발된다는 것이다.

　계열 $a{\to}b{\to}{\cdots}f{\to}g{\to}{\cdots}$ 에는 아이디어(X)가 대응한다. 양자의 사이에는 일대일의 대응관계가 있다. 그러므로 다른 행동계열로부터는 다른 생각이 초래된다. 따라서 만약 $a{\to}b{\to}c{\to}d{\to}e{\to}f{\to}g{\to}{\cdots}$ 의 계열 내역이 바뀌면 그 결과로 생겨나는 아이디어도 더 이상 (X)로는 존재할 수 없다.

　가령 'd'가 'd''로 교체되었다고 하자. 그것이 임시로 '커피를 마신다' 대신에 '홍차를 마신다'와 같은 미세한 차이여도 좋다. 그래도 행동계열은 $a{\to}b{\to}c{\to}d{\to}e{\to}f{\to}g{\to}{\cdots}$ 에서 $a{\to}b{\to}c{\to}d'{\to}e{\to}f{\to}g{\to}{\cdots}$ 로 미묘하게 변용된 것이고 그 미묘한 차이는 다시 사고에 미묘하게 반향을 일으켜 (X)를 (Y)로 변용시킨다.

　왜냐하면 계열 $a{\to}b{\to}c{\to}d{\to}e{\to}f{\to}g{\to}{\cdots}$ 를 거쳐 생기는 생각과, 차이를 가지는 계열 $a{\to}b{\to}c{\to}d'{\to}e{\to}f{\to}g{\to}{\cdots}$ 를 거쳐 생기는 생각이 완전히 같아 (X) = (Y)인 것은 있을 수 없기 때문이다.

　한마디로 상황의 변화가 사고를 변화시킨다. 사고를 둘러싼 행동환경, 행동상황이 변하면 생겨나는 아이디어 또한 미묘하게 변한다는 것이다.

이 관점에서 독일의 철학자 칸트의 사고법을 생각하면 흥미롭다. 그는 평생 북독일 케니히스베르그(현재 러시아의 칼리닝랜드)에서 한 걸음도 나오지 않고 매일 시계로 잰 듯이 규칙적인 생활을 했다.

내 생각에, 칸트는 행동계열의 중요성을 숙지하고 있었을 가능성이 높다. 그에게 있어서는 정확하고 치밀하게 사색을 계속하고 깊이 있게 하는 것이 무엇보다 중요하고, 때문에 그것에 최적인 행동계열을 만들어 안정적으로 유지하려고 했을 것이라 생각된다. 즉, 칸트의 사상은 논리라는 이름의 벽돌을 한 장 한 장, 정성과 공을 들여 쌓아올리는 방식을 취하기 때문에 그에게는 사색을 흐트러뜨리지 않는 규칙적인 행동계열이 필요했다고 생각된다.

행동 순서에 따라서도 사고는 변한다

행동의 순서도 관계가 있다. a→b→c→d→e→f→g→… 라는 행동계열과 'a', 'b'의 순서가 바뀐 b→a→c→d→e→f→g→… 라는 행동계열은 이미 다른 행동계열이다.

극히 이해하기 쉬운 예를 들어보겠다.

① 책을 읽고→술을 마시고, 그 다음에 생각하는 경우

② 술을 마시고→책을 읽고, 그리고 나서 생각하는 경우

의 두 가지를 비교해보자.

①의 경우에는 알코올 덕분에 책의 지식이 적당히 뒤섞이거나 발효가 쉬워진 결과 재미있는 아이디어가 나올 가능성이 높다. 한편 ②의 경우에는 먼저 알코올로 두뇌가 균형을 잃기도 해 그 뒤의 전개

가 꽤 달라진다. 그 때문에 책의 내용이 머리에 쏙 들어오지 않고 그 결과 산만한 생각밖에 떠오르지 않을 가능성이 높다.

이렇게 사소한 순서의 부분적인 변화조차 행동계열을 변용시켜 아이디어를 변하게 한다. 가령, 일터에서 커피를 마시고 나서 커피숍에 들르는 것, 또 편지를 읽고 나서 손톱을 깎는 대신 손톱을 깎고 나서 편지를 읽는 것은 이미 동일한 상황이 아니다. 이미 뇌는 다른 행동계열로부터 다른 자극을 받는다. 그 까닭에 유발되는 생각 역시 다른 모양이 될 것이다.

이 경우 역시 앞서 지적한 단락적인 요소환원주의는 전혀 무의미하다. 옷을 갈아입는다, 서서 이야기한다, 담배를 피운다, 편지를 읽는다, 손톱을 깎는다는 행위, 작업만을 긁어모아 순서를 이리 바꾸고 저리 바꾸어도 일단 만족스러운 성과는 얻기 힘들 것이다. 공간, 시간으로 된 범위, 깊이, 두께, 길이를 가진 상황을 결정적으로 빼놓고 있기 때문이다.

단순한 행위나 작업의 연결은 생산적이고 창조적인 사고로 연결되지 않는다. 어디까지나 행동의 상황, 행동계열이 사고에 다양한 방법으로 활기를 불어넣는 것이다.

사고감각과 사고력을
비약시키는 노하우

이 노하우가 사고의 움직임을 활성화시킨다

이제 막 싹튼 사고에는 세 가지 단계가 혼재해 있다

여기서는 사고 자체의 움직임에 주목해 그 운동 특성을 이해해 보기로 하자. 소위 사고의 행동학, 운동생리학이다.

사물을 생각하는 것을 조금 반복해보면 금방 알 수 있는데 사고는 매우 다채롭고 미묘한 움직임을 갖는다. 그러나 우리들은 왜 사고가 그런 식으로 움직여 가는지 운동 과정을 전혀 설명할 수 없고 또 그 인과관계를 찾아낼 마음도 생기지 않는다. 분명히 뇌라는 블랙박스 안에서 일어나는 일이기 때문에 사고의 움직임을 분석하고 해명하는 것은 그리 간단하지만은 않다. 그러나 사고가 우선 단편이나 싹과 같은 모습으로 나타난 다음 어떻게 발전하고 변화하고 종결되는지 그 과정을 밝히려고 노력해볼 가치는 있다.

우선, 아직 단편적이고 싹튼 상태에 있는 사고에는 다음 세 가지의 단계가 존재한다는 것을 언급해두고 싶다.

① 아직 미숙하거나 불완전한 낮은 단계의 사고

② 지극히 평범하고 흔히 있는 중간 단계의 사고

③ 틀림없이 플러스 가치를 가진 매력적이고 높은 단계의 사고

천재든 평범한 사람이든, 이것은 똑같다. 모차르트나 아인슈타인도 높은 수준의 사고만 떠오른 것은 아니다. 누구든 싹의 상태에서는 저·중·고의 세 단계의 사고가 혼재해 있다(덧붙여 ① ～ ③은 3단계 평가사고).

다양성 풍부한 사고의 연동특성

중요한 것은 그 다음이다. 처음에는 평범해도 쑥쑥 성장해 멋진 아이디어로 변모하는 생각이 있다. 반대로 매우 좋은 생각인데 한 번 펴보지도 못하고 시들어버리는 경우도 있다. 그런 불가사의한 움직임에 통달하기 위해서라도 사고의 운동을 미분할 필요가 있다.

사고는 플러스 방향으로도, 마이너스 방향으로도 움직인다. 사고가 뻗어나가고 확장되고 부풀고 깊어지는 것은 플러스 방향으로의 운동이다. 반대로 사고가 정체되고 수축되고 비뚤어지고 왜곡되고 경직화되는 것 등은 마이너스 방향으로의 운동이다.

여기서는 후자인 마이너스 방향의 운동은 생략하고, 어디까지나 플러스 방향으로 활동할 가능성을 지닌 사고의 생산적인 움직임에 초점을 맞추기로 하자. 왜냐하면 우리들이 추구하는 것은 능숙한 사고법, 생산적인 사고의 소프트웨어이기 때문이다.

이를 위해서는, 사고가 생생하게 플러스 방향으로 전진해 나가

❶ 뻗어나간다	❷ 튀어오른다	❸ 확장된다	❹ 부풀어오른다
❺ 깊어진다	❻ 전진한다	❼ 진동한다	❽ 분기한다
❾ 예리하다	❿ 결합한다	⓫ 덧붙인다	⓬ 뒤섞인다
⓭ 교체된다	⓮ 변형된다	⓯ 조립한다	⓰ 생각을 짜낸다
⓱ 발효된다	⓲ 비약한다	⓳ 숙련된다	⓴ 녹아든다
㉑ 분리된다	㉒ 뒤바뀐다	㉓ 풀린다	㉔ 반추한다

는 움직임을 가능한 한 미묘한 부분까지 파악할 수 있어야 한다. 그것만으로 충분하다. 그때 우리들은 그것들을 사고의 소프트웨어로서 크게 활용할 수 있게 될 것이다.

위에 사고의 운동을 가능한 한 독자들에게 와 닿는 표현으로 써놓았다. 여기에 적어 놓은 24항목은 어느 것이나 모두 생산적인 사고 활동에 있어서 현저하게 인정받는 사고의 운동 특성들이다.

사고의 양면성, 자율적 사고와 통제된 사고

사고 안에는 생각하는 당사자가 개입하지 않고도 사고 스스로가 주인공이 되어 마치 인격이 있는 것처럼 자율적으로 활동하는 것과, 생각하는 당사자가 의식적으로 사고를 조작해 조절하는 것이 뒤섞여 있다. 사고의 본질을 바르게 파악하기 위해서는 이 두 종류의 사고를 반드시 구별해둘 필요가 있다.

후자의 예를 들어보면, 다음과 같은 것들이 있다.

• "이제 5분 안에 생각을 정리하자."

• "문제의 포인트는 세 가지로 좁혀질 것 같다."

• "이 생각은 설득력이 결여되어 있군."

이 경우 사고 당사자는 마치 타인처럼 바깥쪽에서 거리를 두고 보고 있는 것처럼 생각을 하고 있다.

뒤에 나올 "메모의 기술"은 스스로 사고를 조절하기 위한 유력한 방법이다. 여러 가지 떠오르는 생각을 문자로 써서 정리함으로써 그것들을 객관적으로 바라보고 비교 검토하거나 취사선택하는 것이 용이해지기 때문이다.

앞으로 마치 인격도 있고 주인공인 것처럼 활동하는 생각을 자율적 사고, 다른 쪽을 통제된 사고(혹은 계획된 사고)라고 부르기로 하자. 자율적 사고와 통제된 사고의 양자를 제대로 구별한 다음 사고의 이러한 양면성을 잘 조합하면 매우 자연스럽게 사고활동의 성과를 올릴 수 있다.

이것은 사고의 움직임과 운동 특성을 근거로 한 방법이므로 사고의 행동화 노하우라고 부를 수 있다. 아마 이렇게까지 사고의 움직임을 정밀하게 분석해 그것을 토대로 만들어놓은 방법은 어디에도 없을 것이다. 최강의 초사고법이라고 해도 좋을 것이다.

이제부터 이 노하우의 사용법에 대해 가능한 한 실천적으로 서술해 나갈 것이다.

자율적 사고의 특징과 운동 특성

우선 자율적 사고는 어떤 운동을 하는지 알아보자.

사고 중에는 혼자서 쭉쭉 뻗어나가는 사고가 있다. 강력함이 뛰어난 사고가 있다. 다른 생각과 연결이 쉬운 생각, 또 연결되기 시작하면서 활기를 띠는 생각도 있다.

더욱이 다양한 자율운동이 있다. 성장한다, 튀어오른다, 전진한다, 확장된다, 회전한다, 풀린다, 필적한다, 분산된다(분리된다), 깊어진다, 발효된다, 숙련된다, 비약한다, 번뜩인다 등이다. 많은 경우 자율적 사고는 어느 시점까지 가면 가속도가 붙는다. 그 다음엔 그냥 내버려두어도 알아서 아이디어를 양산해내기 시작한다.

자율적 사고의 그러한 운동생리도 염두에 두는 것이 좋을 것이다.

앞에 든 사고의 자율운동 중 "발효된다", "숙련된다"를 예로 들어 조금 더 자세히 사고의 자율운동을 살펴보기로 하자.

대부분의 생각은 일반적으로 미숙한 모습으로 나타난다. 그 중에는 미숙한 채로 끝나버리는 것도 있을 것이고 발효하고 성장하고 숙성되어가는 것도 있을 것이다. 후자의 경우 생각 자체가 자연스럽게 발효해 성장을 수행하고 성숙한다. 이해하기 쉬운 경우를 설명해 보겠다.

나는 지금 출판사에서 A, B 두 책의 잡지 원고에 대한 집필 의뢰를 받았다. A의 원고 마감은 일주일 후, B의 원고 마감은 한 달 후다. 합리적으로 생각하면 나는 A 원고에 먼저 착수해야 한다. B는 일정상 아직 충분히 여유가 있으므로 나중으로 돌려도 된다.

그런데 현실은 그런 식으로 되지 않는다. B의 테마에 대해서는 아이디어가 술술 나온다. 구상도 어느 정도 굳혀졌고 금방이라도 써내려갈 수 있을 것 같다. 한편 A에 대해서는 시간이 아무리 흘러도 여전히 구상이 떠오르지 않는다. 아이디어도 너무 부족하다.

요컨대 B는 발효되어 충분히 숙성되어 있지만, A는 그렇지 않은 것이다. 따라서 나는 A의 원고 집필을 차일피일 미루게 된다. A의 테마에 대한 생각이 더 오래 잠들게 해 그것이 발효되고 숙성될 때까지 기다리지 않으면 안 된다.

이 경우를 보아도 우리들은 사고의 자율적 측면에 둔감해서는 안 된다는 것을 잘 알 수 있다.

자율운동은 속박하지 않고 지켜보는 것이 현명

자율적 사고의 장점, 최대의 특징은 뭐니 뭐니 해도 그 자유로운 움직임, 운동성에 있다. 그러므로 거기에 개입하거나 간섭하거나 속박하려고 해서는 안 된다. 사고의 자율운동이 시작되면 그것이 자유롭게 움직이는 대로 놔두어야 한다. 그것이 자율적 사고에 힘을 주어 훌륭한 아이디어를 생산하게 하는 비결이다.

의인법적으로 말하면, 방해되지 않도록 멀리서 가만히 지켜보는 느낌에 가깝다고 할까. 조금 더 정확히 말하면 '생각이 점점 부풀어오르고 있구나'라고 희미하게 깨닫거나 느끼는 식이다. 이 느낌을 터득하는 것이 자율적 사고를 가장 활성화시켜 생산적인 결과를 낳는 요령이라고 할 수 있다.

여기서 하나 중요한 것을 지적해두겠다. 가끔 타인의 것을 자기 것인 듯 차용하는 경우가 있는데 남의 생각을 빌리는 것보다 자기 힘으로 한 생각이 훨씬 탄력성이 있고 생산성이 높다. 아무리 고명한 선생의 생각이라 할지라도 그것은 애당초 타인의 생각이므로 자율성이 없는 것은 당연하다. 타인의 생각을 통째로 삼킨다 해도 사고에 자율성은 생겨나지 않는다. 요컨대 자전적인 사고가 매우 중요하다는 것이다.

이번에는 통제된 사고에 대해 살펴보는데, 처음의 계획은 사고를 능숙하게 조절해 활성화시키는 노하우를 세 가지 정도 설명할 생각이었다. 그런데 조금 전 일터로 향하는 길에 대한 이야기를 하다가 갑자기 생각이 뻗어나가 노하우가 다섯 가지 정도 늘어나버렸다. 이것 역시 사고의 자율운동 중 플러스적인 성향에 해당하는 "뻗어나간다"의 좋은 견본이라고 할 수 있다.

사고의 계획화, 행동화도 필요

이번엔 통제된 사고는 우리들이 소위 바깥쪽에서 훌륭하게 계획하고 조작해 조절할 수 있는 사고다. 이 경우 우리들은 사고의 자율운동에 맡겨놓지 않고, 적극적으로 사고과정에 개입해나가게 된다. 그런 의미에서 이 사고의 행동화 노하우는 자율적 사고에 비해 강제적이고 한층 더 행동적이다.

서둘러 행동화의 노하우를 소개하겠다. 사고의 자율운동의 경우에 대응하는 것으로 다음 표 안에 있는 것들이 여기에 해당된다. 적극적으로 개입하는 것이니만큼 노하우도 늘어나고 강제적인 테크닉도 추가된다.

■ 강제적인 사고의 행동화 노하우 ■

만들어낸다	늘린다	성장시킨다	튀어오르게 한다	부풀린다
확장시킨다	비튼다	회전시킨다	진동시킨다	요동시킨다
뒤섞는다	풀어헤친다	늘어놓는다	나눈다	분산시킨다
연결시킨다	덧붙인다	깊게 한다(파내려간다)		데운다
잠들게 한다	발효시킨다	숙성시킨다	비약시킨다	번뜩이게 한다
반추한다	떼어놓는다	바꿔넣는다	짜낸다	변형시킨다
반복하게 한다				

이들 노하우 중에서 몇 가지 역시 실천적인 요령을 설명해보려고 한다.

❶ 생각을 늘린다

생각이 자율적으로 뻗어나가지 못할 때도 굳이 생각을 뻗어나가게 하지 않으면 안 되는 경우가 있다. 가령 "이 사례만으로는 불충분해", "이 생각은 결론이 나지 않고 중간에서 끝나버리는데"와 같이 생각되는 경우다. 그렇게 판단해 생각을 더 늘려가려고 계획을 세운다. 이렇게 납득이 가는 생각을 강제로라도 만들어내는 것이 사고를 제어하는 행동화의 발상이다.

❷ 생각을 흔든다

수축되거나 정체되어 있는 생각도 그대로 방치할 수 없다. 이 상황을 타개하려면 생각에 이상이 있는 부분을 까다로울 정도로 세세히 점검해 나가야 한다. 그러면 그 생각이 동요되어 움직이기 시작한다. 이것은 수축되어 있는 두뇌에 숨을 돌리게 하려는 것이기 때문에 마구 휘젓거나 풍파를 일으키는 느낌에 가깝다.

❸ 생각이 튀어오르게 한다

생각의 각도를 바꿔주는 소프트웨어를 이용한다.

❹ 생각을 분산시킨다

생각이 커다란 덩어리 상태로 꼼짝도 하지 않고 자율적으로 뻗어나가지도 못할 때 이것을 강제로 분산시켜 생각이 굴러가기 쉽도록 해 줄 필요가 있다.

이 책 안에서도 제재를 찾아보자. 앞장의 테마는 행동적 사고법이었다. 이것은 매우 매력적인 생각이며 개념이다. 그러나 이 사고법은 큰 바위덩어리 같아서 이것만으로는 단서를 잡을 방도가 없고, 실제로 독자가 받아들일 만한 것은 전혀 쓸 수 없다. 앞서 말한 "흔드는" 노하우를 사용해보고 "튀어오르게 하는" 테크닉을 아무리 써 봐도 이 테마를 설명하기에는 부족하다.

그렇다면 이것을 분산시키는 것 외에는 다른 방법이 없다. 그럼 어떻게 분산시킬까? 어느 정도의 수, 어느 정도의 크기로 분산시킬지는 상황에 따라 달라진다고밖에 할 말이 없지만, "분산시키는" 방법으로 생각이 기울었다는 점이 여기서 결정적인 의미를 갖는다.

이 경우에 나는 집필에 있어서 내 사고에 직접 개입해 행동적 사고법이라는 생각을 세 가지(① 행동과 직결되는 사고법, ② 사고와 행동을 연계시키는 사고법, ③ 행동이 사고에 영향을 미치는 것을 근거로 한 사고법)로 분산시켜 놓았다.

이렇게 세 가지의 사고로 흩어놓았더니 단숨에 구성이나 집필할 내용에 그림이 그려졌다. 분석력도 필요해지는데 "분산시킨다"는 노하우의 중요성을 알 수 있을 것이다.

❺ 생각을 뒤집는다

이것은 자신이 여태까지 생각해왔던 것을 일부러 뒤집어보는 방법이다. 결론을 뒤집는다, 생각의 순서를 뒤집는다, 논리를 뒤집는다 등이다. 이 경우에도 역시 어느 정도 강제로 자신의 생각에 간섭할 필요가 있다.

❻ 생각을 반추한다

소가 음식물을 네 개의 위로 몇 번이나 소화시키는 것처럼 머릿속에 생겨난 생각을 몇 번이 됐든 꺼내어 다시 생각해보는 방법이다.

그렇게 함으로써 그때마다 생각에 새로운 것이 더해지고, 생각은 어디까지라도 발전해나가고 완성되어 간다. 내가 가장 자신 있어 하는 노하우이고 초사고 기술이다. 독자들에게도 이것을 꼭 권하고 싶다.

❼ 생각을 발효시킨다

자율적 사고에서 예를 든 "발효된다"에 대응하는 통제적 노하우다. 이 경우에는 생각이 자연스럽게 발효되기를 기다리지 않는다. 지혜를 짜내어 스스로 생각을 발효시키는 것이다. 이 노하우는 이미지 상으로나 본질적으로 술 만들기에 견주어 이해하는 것이 적절하다고 생각한다. 가장 적절한 표현은 생각을 서서히 데워 묵히는 것이다.

또 하나, 비유가 아니라 실제로 술을 마시는 것이 말 그대로 생각을 발효시키는 데 유효한 경우가 많다. 술에는 긴장이나 억제를 해소하는 작용이 있고, 또 머릿속에 들어간 생각을 뒤섞거나 혼연히 융합시키는 효과가 있다. 그 결과 생각이 발효되어 잘 성숙되는 것이다.

단, 음주도 도를 넘으면 역효과가 나타난다. 장기간에 걸친 음주로 알코올 중독이 되는 사람의 경우, 일시 기억 장소인 해마가 결정적인 손상을 입는 경우가 적지 않다. 그런 지경까지는 이르지 않도록 술은 조금씩 조금씩 즐기는 것이 좋을 것이다.

❽ 생각에서 떼어놓는다

좋은 아이디어가 나오지 않을 때는 한번 거기서부터 떨어져보는 게 좋다. 기분 전환이 무엇보다 좋은 예인데 언제까지 생각에 집착

하고만 있을 것이 아니라 의식적으로 그 생각에서 떨어져보는 것도
중요하다. 그럼으로써 긴장 완화를 할 수 있고, 정체되어 있던 생각이
전진하는 경우도 적지 않다. 생각에 꽉 달라붙어 있는 것만이 능사가
아니다. "접근하고↔멀어지는" 행동적인 왕복운동도 사고를 활성화
하기 위한 중요한 요소다.

현명함을 더욱 연마시키는 사고기술

각도는 중요한 사고 소프트웨어다

잘 생각하기 위한 중요한 소프트웨어 중 하나로 각도가 있다. 어떤 각도로 사항을 판단하고 아이디어를 낼 것인가? 똑같은 테마나 대상이라도 각도를 정하는 법 하나로 우리들의 머릿속에 생겨나는 생각은 천차만별, 정말 다른 것이 된다.

알기 쉬운 예를 하나 살펴보자.

도쿄의 하치오오지八王子시에 다카오야마高尾山라는 산이 있는데 도민의 행락지로 매우 친숙한 산이다. 나는 다마多摩 지구에 살고 있기 때문에 이 산을 자주 보는데, 조금씩 장소를 바꿔가며 산을 바라본다. 보는 각도를 바꾸면 여러 가지 모습의 다카오산高尾山을 관망할 수 있다.

가장 새미있는 것은 멀리 후지산富士山이 보이고 그 전경 아래로 다카오산이 낮게 보이는 풍경이다. 시즈오카현 静岡県, 야마나시현 山梨俱県에 걸친 일본 제일의 최고봉 후지산과 다카오산은 꽤 떨어진 위치에 있다. 그 두 개의 산이 보는 각도에 따라서는 하나의 구도 안에 나란히 들어와 앞뒤로 겹쳐 보인다. 그것은 특별한 각도라고 해도 좋다. 그 이외의 각도에서 보면 후지산과 전혀 겹치지 않는다.

결국 이것이 각도라는 사고 소프트웨어의 작용이다. 같은 사항에 대해 생각할 때도 생각하는 각도를 이렇게 저렇게 바꿔봄으로써 우리들은 얼마든지 다른 형태의 생각을 이끌어낼 수 있다. 그런 의미에서 사고력을 높이기 위해서는 다양한 각도에서 사물을 보는 것을 습관화할 필요가 있다.

각도를 자유롭게 바꿔가며 생각하는 습관을

또 하나 예를 들어보자.

요미우리 読売 신문사의 전광판 뉴스에는 매우 눈에 띄는 특징이 하나 있다. 그것은 바로 한 타이틀당 글자 수가 어느 것이나 30자로 정리되어 있는 것이다. 뉴스에는 큰 것과 작은 것, 복잡한 것과 간단한 것이 있다. 그런 차이에도 불구하고 어느 뉴스든 정확히 30자로 표현한다는 것은 거의 달인의 수준이라고 해도 좋지 않을까?

그것은 제쳐두고, 이 사실을 발견한 것 또한 평소와 다른 각도를 취함으로써 비로소 가능해진다.

우리들은 보통 전광판 뉴스를 정보의 내용을 알리려는 목적으로만 본다. 그런 각도에서 보는 한, 숫자에는 별로 주의를 기울이지 않게 된다. 그러나 정보는 숫자, 결국 정보의 양이라는 다른 각도로도 주목하거나 분석해볼 수 있다. 그리고 그때 비로소 한 뉴스에 30자라는 편집 룰이 있고 그것이 제대로 지켜지고 있는 것을 깨달을 수 있다. 바꿔 말하면, 각도를 달리하는 법 하나로 생각에 부가가치가 생긴다는 것이다.

같은 테마에 대해 말하는 것이라도 어떤 각도에서 생각하느냐로 이야기의 내용은 꽤 달라진다. 평범한 각도에서 생각하면 평범한 내용의 이야기가 된다. 독특한 각도에 서면 생각 또한 독특해진다.

여기서는 각도라는 말을 사용했는데 이것과 유사한 것으로 단면, 시점, 관점 등이 있다. 엄밀하게 말하면 각각의 뉘앙스가 미묘하게 다르지만 그렇게 어렵게만 생각할 것도 아니다. 대범하게 거의 같은 것이라고 간주해도 좋다고 본다.

결론적으로, 생각할 때에는 그냥 막연히 멍하게 생각하는 것이 아니라 각도를 의식해 생각하거나, 나아가 하나의 각도에 얽매이지 말고 각도를 자유롭게 바꿔 생각하는 습관을 길렀으면 한다.

4가지 비유테크닉을 마스터하자

이번 항목에서는 사고의 감각 향상에 도움을 주는 스마트한 테크닉을 소개하려고 한다. 이것은 비유를 잘 이용해 생각을 전개시켜 나가는 비유술이다.

비유는 어떤 사항 α를 α 이외의 β로 치환하는 테크닉이다. 잘 알려진 것은 '예'와 '우화'이다. 추상적인 것, 난해한 것을 상대에게 전달할 때 우리들은 종종 우화를 이용한다. 상대가 잘 알고 있는 화제나 상대에게 확 와 닿는 예를 끌어내 설명한다. 적절한 예, 우화를 이용하면 추상적인 것, 난해한 것이 거짓말처럼 쉬워진다.

예나 우화에는 알게 모르게 비유의 노하우가 이용되고 있다. 일례를 보자. 회사의 실적 부진이 계속되고 있는 상황을 "우리 회사의 실적은 저공비행을 계속하고 있습니다"라는 말로 표현하기도 한다. 여기서는 "저공비행"이 바로 비유다.

비유에는 다음 네 가지의 다양성, 네 가지의 테크닉이 있다. 이 것에 의해 비유는 한층 더 위력을 발휘하는 지적 노하우로 거듭날 수 있다.

❶ 직 유

직접적으로 두 개를 비교해 예를 든다. 가령 '인생은 덧없다'는 것을 '인생, 아침 이슬 같은 것'이라고 하는 식이다. 추상적인 '덧없다'는 말 대신에 '아침 이슬'이라는 말을 사용함으로써 뜻이 매우 구체적이고 선명해진다.

직유는 가장 간단한 비유의 테크닉이고 'α는 β 같은 것'이라는 구조로 되어 있다. β에 다른 것들을 대입하면 얼마든지 다양한 직유를 만들어낼 수 있다.

❷ 제 유

우리들은 흔히 미인을 두고 '양귀비'라고 일컫는다. 양귀비라는 특정 미인이 미인 일반을 가리키는 말로 일반화되고 확장된 것이다. 또 일본에서는 '꽃놀이花見'라고 하면 보통 벚꽃구경을 가리킨다. 결국 꽃이라고 하면 벚꽃이라는 통념이 생긴 것이다.

이렇게 특수한 것을 일반적이고 전체적인 것으로, 반대로 일반적이고 전체적인 것을 특정한 것, 개별적인 것으로 치환하는 테크닉이 제유다.

❸ 환 유

어떤 것을 그것과 관계 깊은 것으로 치환하는 수사법이다. 글 쓰는 작업을 '펜'으로, 군인을 '검'으로 상징하는 것이 이 예다.

❹ 은 유

우는 것을 표현할 때 '베개를 적신다'라고 하는 것이 그것이다. 직접적인 유사성이 아니라 감각, 기분, 정취, 의미 등을 간접적으로 완곡하게 표현하는 테크닉이다.

이상 네 가지의 테크닉을 머릿속에 잘 넣어두면 나머지는 실천을 거듭하는 것만으로도 누구나 비유의 테크닉을 마스터하고 유효하게 활용할 수 있게 된다.

사고를 세련되게 하는 비유의 5가지 효용

이런 비유의 테크닉은 사고를 세련되게 하는데, 다음과 같은 지대한 효용이 있다.

① 직접적으로는 언어감각을 갈고 닦는 것을 통해 감성을 향상시킨다.

② 사고의 과정이나 내용을 다양하고 풍부하게 한다. 그 결과 8장에서 설명한 감성적 사고의 감각을 향상시킨다.

③ 평범한 생각, 진부한 생각을 한 번에 바꿔 눈부시게 세련된 생각으로 만든다.

④ 비유의 테크닉을 잘 사용함으로써 사고력뿐만 아니라 표현
력, 설득력, 커뮤니케이션 능력, 프리젠테이션 능력 등도 그
것에 정비례해 향상된다.

⑤ 비유를 사용해 치환하는 것 자체에 창조적인 성격이 있다.
비유는 발상abduction이고 발상의 테크닉이다. 그런 의미에
서도 이것을 잘 이용한 비유사고는 생산성이 풍부하고 훌륭
한 아이디어를 도출하는 것이다.

초사고에 빼놓을 수 없는 '집중력'

더 새로운 화제로 나아가보자. 그것은 바로 집중력, 즉 정신집
중이다. 정신집중이 왜 초사고에 필요할까?

집중력을 풀가동시켜 활동할 때 우리는 평소에는 불가능했던
일을 해낼 수 있다. 극한 상황에서 나타나는 초인적인 능력들이 그 예
다. 평소라면 감히 들어올릴 수도 없는 무거운 것을 번쩍 들어 옮기거
나 활활 타오르는 불 속에서 사람을 구해내기도 한다. 또 거기까지는
아니더라도, 일사불란하게 대응한다면 사흘 걸릴 일이 하루 만에 정
리된다든가, 업무 능률이 두세 배 오르는 일이 종종 있다. 어쨌든 모
두 집중력의 성과다.

평소의 자신이라면 불가능했던 수준의 일을 해냈다는 것은 평
상시의 자신을 넘어섰다는 것이다. 이것을 집중력의 초자성超自性이
라고 부르자.

일류 스포츠 선수는 하나같이 집중력을 중시한다. 그들은 집중
력에 초자성이 있다는 것, 집중력이 눈부신 기록이나 성적을 가져다

준다는 것을 몸으로 알고 있다.

사고활동의 경우도 마찬가지다. 집중력만이 초자성을 가져다준다. 평소의 자신은 결코 생각지도 못했던 멋진 생각이 떠오른다. 최고로 집중하면 ― 나는 이것을 '발상폭발'이라고 부르는데 ― 수준 높은 생각이 넘치도록 뿜어져 나온다.

초사고는 자기 사고의 한계를 뛰어넘는 사고이고 그러한 사고는 집중력에 의해 가능해진다. 그러므로 집중력은 초사고에서 절대로 빼놓을 수 없는 것이다.

집중력에 의해 잠재사고, 잠재능력도 발휘된다

집중력의 작용을 더 분석해보자.

먼저 지적할 수 있는 것은 집중력에 의해 뇌가 집중도를 높여감에 따라 기억, 상상, 분석, 판단이라는 개개의 사고활동이 강력하게 통합되어 하나로 작용한다는 점이다.

이것이 집중력의 연합효과다. 평소에는 뿔뿔이 흩어져 반드시 능률적으로 활동하고 있다고는 할 수 없는 사고가 이때는 긴밀하게 연계해 힘을 합쳐 활동한다. 따라서 사고는 평소의 자신을 뛰어넘을 수 있다.

집중력에는 또 하나, 매우 중요한 소프트웨어가 있다. 그것은, 우리들이 깨어있을 때 활동하고 언제라도 자각해 활용할 수 있는 현재顯在 의식, 현재사고뿐 아니라 보통은 잠들어 있는 잠재의식, 잠재사고도 활성화시켜 작용하게 하는 소프트웨어다. 집중력의 정도에 비례해 잠재의식, 잠재사고도 활동을 시작해 현재의식, 현재사고와 연합한다.

이 과정은 사고가 초사고로 비약하는 과정임에 틀림없다. 현재의식, 현재사고와 잠재의식, 잠재사고의 크로스오버, 융합이 뇌나 신체 안에 초사고 체제를 만드는 것이다.

그것만이 아니다. 잠재의식, 잠재사고의 활성화는 보통은 휴면 상태에 있는 잠재능력을 흔들어 깨운다. 그러면 잠재능력도 현재화되어 언제든지 활용가능한 능력으로 또 덧붙는다. 이것도 자기능력에 초자성을 가져다줄 것이다.

■ 집중력을 향상시키는 36가지 방법 ■

〈기분을 안정시키기 위한 노하우〉

1. 머릿속으로 천천히 숫자를 헤아린다(카운트법).

2. 눈을 감고 묵상한다.

3. 복식호흡을 한다. 들이쉴 때는 급속하게, 내쉴 때는 천천히 시간을 두고 한다.

4. 위의 두 가지 혹은 세 가지를 병행하면 더 효과가 있다.

5. 조용한 음악, 좋아하는 음악을 듣는다.

6. 그림을 본다. 풍경화, 정물화나 소박한 그림이 좋다.

7. 느긋하고 여유 있는 기분으로 유쾌한 정경을 떠올린다. 그렇게 하면서 "손이 무거워진다", "몸이 따뜻하다"라는 식으로 자기암시를 건다(자율훈련법).

〈사고를 활발하게 하면서 위치와 순서를 정하고 관련을 짓는 노하우〉

8. 달리는 차 등, 눈에 들어오는 것을 헤아린다.

9. 마찬가지로 눈에 들어오는 것을 분류한다.

10. 보고 들은 것 중에서 어떤 테마를 정해 고유명사, 숫자 등을
    정확히 기억해본다.

11. 여기저기 흩어져 있는 생각 중에서 특히 중요한 것을 특정화
    하려고 해본다.

12. 여기저기 흩어져 있는 생각 중에서 어느 것 두 개를 끄집어
    내 인과관계로 연결해본다.

13. 마찬가지로 어느 것 두 개를 끄집어내 주종관계, 병렬관계,
    그 밖의 논리로 연결해본다.

14. 10~13이 잘 되었으면, 범위를 더 넓혀 대상의 수를 늘려 생
    각한다.

15. 생각 가운데 애매하게 생각되는 부분이 생기면 주저하지 말
    고 (사전 등을 찾아) 조사한다. 인터넷도 도움이 된다.

16. 추상적인 생각을 구체화하는 예를 찾는다.

17. 자신이 갖고 있는 예나 에피소드를 추상화, 개념화, 이념화
    해본다.

〈사고의 방향이 안쪽으로 향하게 하기 위한 노하우〉

18. 막연한 관찰. 가령 욕조물을 데우기 위해 물을 채울 때 물이
    다 찰 때까지 꼼짝 않고 계속 쳐다본다.

19. 남에게서 영향받지 않은 자기만의 생각, 과거의 체험이나 기
    억을 떠올리고 그것에 주의를 기울인다.

20. 눈의 초점을 1미터 이내의 근거리에 둔다. 어렵다면 가까이
    있는 것을 쳐다본다.

21. 양손의 엄지손가락을 광대뼈 아래에 대고, 나머지 손가락은 가지런히 모아 볼을 가린다. 마치 모자의 차양처럼 하는 것이다.
22. 라디오나 CD의 소리를 작게 해놓고 그것을 청취하려고 노력해본다.
23. 눈을 감고 생각한다.

〈집중의 레벨을 한 단계 높이기 위한 노하우〉

24. 예리하고 정밀한 관찰. 커다란 것보다 작은 것, 큰 움직임보다 미묘한 움직임에 주목한다.
25. 양쪽 귀 뒤에 엄지손가락을 댄다(곤충학자 파브르의 방법).
26. 어금니를 꽉 깨문다.
27. 성냥개비를 몇 개든 부러뜨리면서 생각한다(기사 조치훈의 방법).
28. 손 안에서 호두 열매 등, 손만한 크기의 것을 일정한 리듬으로 굴린다.
29. 밤일 경우 주변 조명을 어느 정도 약하게 한다.
30. 신문이나 잡지에서 적당한 크기의 기사를 선택해 숫자를 정확하게 센다(내용의 의미는 주의를 기울이지 말 것).

〈풍부하고 창조적인 발상을 위한 노하우〉

31. 걸으면서 생각한다.
32. 머리에 떠오른 것을 메모한다.
33. 머리에 떠오른 이미지를 그림이나 도표로 만든다.
　　※ 가능하면 32, 33 둘 다를 시도해 보는 것이 좋다. 32는 좌

뇌(언어 뇌)를 집중시키고, 33은 우뇌(음악 뇌)를 집중시킨
다. 양쪽을 모두 실시함으로써 양뇌 집중이 용이하게 되어
양뇌 결합에 의한 시너지 효과로 창조적인 아이디어가 쉽
게 나온다.

34. 다시 한 번 자신에게 직면한 과제, 목적을 강하게 의식한다.

35. 이 단계에서 떠오른 생각이 만족할 만한 것인지 아닌지를
평가한다. 만족할 수 없다면 집중을 계속한다.

36. 평소에 문제의식을 넓히고 깊게 해 만족스러운 수준의 레벨
향상에 노력을 기울인다.

※ 집중으로 생기는 생산력output의 양은 문제의식의 넓이,
깊이, 만족수준의 정도에 비례하기 때문이다.

이렇게 집중력에 의해 현재의식·현재능력에 잠재의식·잠재능
력이 더해지고 게다가 그것들이 특정한 방향과 과제를 향해 긴밀하게
통합된다. 이 총동원 태세를 만들어내는 역할이야말로 집중력의 최대
소프트웨어다. 결국 누구나 최대한 집중하면 자신을 초월해 초사고를
할 수 있게 되는 것이다.

집중력을 성공적으로 활성화시키기 위한 노하우를 앞서 본문
에 소개해두었으니 참고하기 바란다.

뇌 안에 칠판을 두고 생각하자

실제로 어떤 사항에 대해 생각할 때는 뇌 안에 칠판이 있다고 생

각하고 떠오른 것을 거기에 정리해 써내려간다는 느낌으로 생각할 것
을 권한다.

　　비유를 한 것이니까 칠판이 아닌 노트나 수첩, 컴퓨터의 모니
터, 캔버스 등을 이미지로 떠올려도 괜찮다. 다만 내 감각으로는 칠판
이 이미지적으로 가장 와 닿는다.

　　칠판은 써넣을 수 있는 용량이 크고, 2~3장 늘어놓고 사용하면
더욱 좋다. 그것보다 칠판에는 써넣은 것을 언제든 쉽게 지우거나 덧
붙이거나 정정, 삭제할 수 있는 커다란 이점이 있다.

　　이렇게 칠판은 생각을 얼마든지 써넣을 수도 있고, 꽉 채워 넣
은 생각을 지워 없앤 후 이어서 전혀 다른 생각들을 다시 써넣을 수도
있다. 그런 점에서 나에게는 칠판의 유추가 가장 확실하게 와 닿는 것
이다(특별히 강요할 생각은 없지만).

메모하는 습관으로 생각을 잡아라

　　이상과 관련해 극히 사소한 방법이지만 굉장히 도움이 되는 필수
노하우를 소개하겠다. 그것은 바로 '생각한 것을 메모하는 것'이다.

　　왜 이것이 필수 노하우인가 하면, 머릿속을 오가는 생각은 이미
지, 말, 문장 등의 형태를 지니고 있다. 그 중에서 이미지는 한번 떠오
르면 인상이 매우 강하게 남는다. 좀처럼 사라지지 않고 쉽게 정착하
므로 재현이 쉽다.

　　그러나 말이나 문장은 그렇지 않다. 단편적인 단어 서너 개나 극
히 짧은 문장 정도라면 그렇게 고생하지 않고 기억할 수 있지만, 생각
이 이것저것 끼어들어 사고가 펼쳐지는 경우라면 이야기는 달라진다.

좋은 말이나 문장이 떠오르고 아이디어가 번뜩인다. 거기에 신경을 빼앗기고 있는 동안 그 전에 떠올랐던 생각은 사라져버린다. 나중에 떠올리려고 해도 때는 이미 늦다. 떠올릴 실마리조차 찾지 못하게 되는 경우가 의외로 많다. 이런 후회를 하지 않기 위해 생각을 그 자리에서 정리해 둘 필요가 있다.

또 시간이 지날수록 생각한 것은 점점 사라지기 마련이다. 지금 생각하고 있는 것을 과연 언제까지 정확히 기억해 재현할 수 있을까? 10일이 지나고 한 달이 지나도 완벽하게 기억하고 있을까? 기억력의 문제도 있지만 일반적으로는 상당 부분 소실되어 있을 거라고 생각된다. 적어도 상당한 부분이 애매해져 있을 것만은 틀림없다.

그러므로 메모가 더욱더 위력을 발휘한다. 다른 말로 하면, 기록의 위력이다. 기억과 기억력도 중요하지만 그것에만 의존하는 것은 현명하지 않다. 메모는 누구나 금방 실천할 수 있는 간단한 기술인데 메모에 의한 기록은 종종 기억을 압도한다. 메모가 있으면 그야말로 1년 후나 10년 후에도 생각한 것을 정확히 조합하고 재현할 수 있다. 결국 기록하는 것이 메모의 본질적인 노하우의 하나다.

생각을 내쫓아라! 그러면 다음 생각이 떠오른다

인간의 뇌의 지적용량은 거의 무한하다고 해도 좋을 정도인데, 그럼에도 불구하고 제한된 시간 속에서 생각하는 경우, 뇌의 사고용량은 의외로 협소하고 옹색하다. 그러므로 생각이 점차 넘쳐 흐르려고 할 때 바로 처리 범위를 넘어서는 포화상태overflow가 된다. 칠판이 가득 채워져 더 이상 써넣을 공간이 없는 상태라고 할 수 있다. 더 구체적으로 말하면 더 이상 그 다음을 생각할 수 없는 상태를 말한다.

개인적인 생각으로, 메모하는 것 말고는 이 상태를 해소할 방법은 없다(또 하나는 카세트테이프에 생각을 동시 진행형으로 녹음하는 것). 메모를 하면 칠판의 그 부분을 지워버릴 수 있는 것과 같이 된다. 뇌의 칠판에 빈 공간이 생긴다. 이것을 메모의 추방효과라고 부르자.

머릿속에 생각을 가득 담아놓기만 하는 것이 능사가 아니다. 뇌의 스크린에 생각이 쌓이면 그것을 메모해나간다. 그때마다 뇌의 사고부하는 줄어든다.

이렇게 하면 우리들은 얼마든지 계속 생각해나갈 수 있다. 뇌의 칠판이 금방 빽빽해져도 차례차례 메모를 해놓음으로써 칠판에는 항상 생각을 써넣을 공간이 확보된다. 결국 메모를 활용할 때 비로소 뇌는 무한한 사고공간이 되는 것이다.

깜박하고 메모하지 않은 아이디어가 노른자인 경우도 있다

메모에는 사고내용의 질이나 수준을 높이는 매우 중요한 또 하나의 효용이 있다.

우리가 어떤 테마에 대해 생각할 경우를 상정해보자. 그 과정에서 임시로 a라는 아이디어가 생겼다고 하자. 그 다음, 시간을 두고 다시 같은 테마에 대해 생각을 한다(반추). 현실에서 자주 있는 일이다. 그리고 이번에는 b라는 새로운 아이디어가 나왔다고 하자. 거기다 c, d, …를 생각해도 상관없다.

그럼 문제는 아이디어의 질, 수준에서 a와 $b(c, d, …)$ 중 어느 쪽이 우위인가 하는 것이다.

결론부터 말하면, b일 경우도 있고 a일 경우도 있다. 경우에 따라 다르다고밖에 할 수 없다.

왜 그럴까? 생각이 한 걸음 한 걸음 발전해나가는 경우에는 분명 b가 a보다 우위다. 그러나 아이디어의 형태를 지니고, 비연속적으로 나타나는 생각의 경우 b가 a에 미치지 못한다. 그러므로 a가 떠올랐을 때 재빨리 메모를 해 두는 것이 필요하다.

나 역시 그만 방심해 메모를 하지 않고 넘어가서 나중에 몹시 후회한 경험이 여러 번 있다. 글 쓰는 사람에게 있어서는 뛰어난 문장이나 문체 같은 것이 매우 귀중한 아이디어다. 메모를 하지 않았기 때문에 그 아이디어가 두 번 다시 떠오르지 않았던 애석한 경우도 있다. 메모를 제대로 해두면 그런 실패를 막을 수 있다.

이것으로 생각한 것을 메모하는 노하우의 중요성이 이해되었을 것이다.

'그때, 그 자리에서'가 메모의 키포인트

메모를 어떻게 하느냐는 그리 대단한 문제는 아니지만, 두 가지 정도 실천해볼 수 있는 방법을 언급해두겠다.

우선, 떠오른 생각을 완전히 정리해두려고 하는 것은 오히려 좋지 않다. 가령, 생각이 빠른 템포로 떠오를 때, 그런 식의 메모를 하면 생각의 속도를 따라가지 못해 중요한 부분을 잡아낼 수 없게 된다. 그러므로 메모를 할 때는 체재에 얽매이지 말고 속기를 하는 것이 좋다. 6하원칙이나 잔가지의 말은 날려버리고 글자도 자기가 읽을 수만 있으면 그것으로 일단 상관없다.

또 하나, '그때, 그 자리에서'의 룰을 살펴보자. 메모해야 할 것이 있으면 반드시 '그때, 그 자리'에서 메모한다는 룰이다. 아무것도 아닌 것 같지만 역시 중요한 생각을 빠뜨리지 않고 붙잡기 위해 빼놓을 수 없는 룰이다.

전 일본은행 총재는 대단한 메모광으로 알려져 있었다. 반드시 '그때, 그 자리'에서 메모를 했다. 장소의 형편상, 메모를 할 수 없을 때도 포켓 안에서 수첩을 더듬어가면서 썼다고 한다. 연구가, 독서가, 아이디어맨이라고 알려진 사람들은 화장실 안에서도 메모할 준비를 하고 있는 경우가 많다.

나도 오랜 세월 이 룰을 열심히 지켜왔다. 화장실은 물론, 좋은 생각이 떠오르면 길을 걷다가도, 가로등 아래에서도 메모를 한다. 그렇게 해서 붙잡은 아이디어 몇 가지가 이 책 안에도 살아 있다.

정보를 무제한 수용할 수 있는 대뇌정리술

사고감각과 사고력을 비약시키기 위해서는 사고의 재료가 되는 정보를 머릿속에서 훌륭하게 정리하는 노하우도 익혀둘 필요가 있다. 이것은 뇌 안에서 이루어지는 정리작업이므로 정보의 대뇌정리술이라고 부르기로 하자.

정보의 대뇌정리술 역시 생각하는 것에 의해 이루어진다. 그 과정은 눈에 전혀 보이지 않지만 머릿속으로 이것을 하고 있는지 아닌지에 따라 천지차이가 생긴다. 보다 잘 생각하기 위해서라도 사고의 재료인 정보를 빼놓을 수 없다. 필요충분한 정보를 빼놓고 있다면 사고의 내용이 빈약해지거나 희박해지기도 하기 때문이다.

그렇다고 단순히 정보가 있는 것만으로도 안 된다. 정보를 유효하게 정리해 자유자재로 활용할 수 있는 정리술이 없으면 어렵게 얻은 정보도 '돼지 목에 진주'와 같다.

정보의 대뇌정리술은 지혜를 사용해 최소한의 노력으로 많은 정보를 정리, 축적, 활용할 수 있는 노하우다. 그것은 '기명-유지-상기'라는 기억 시스템에 따른 방법으로 자연스럽고 무리가 없어 정보활용력도 비약적으로 향상된다.

한편으로 뇌의 사고용량을 높여 사고력을 지속적으로 업그레이드시킨다. 이 방법을 오랜 세월 사용해온 내 경험에 의하면, 뇌는 '무한'이라고 해도 좋을 정도의 정보를 수용할 수 있다. 반대로 이 노하우를 알지 못하면 뇌의 정보창고는 눈 깜짝할 사이에 포화 상태가 된다.

이렇게 정보의 대뇌정리술은 중요한 노하우이며 다음의 8가지 효과가 있다.

① 정보가 무의미하게 쌓여 재고 상품dead stock처럼 되는 일이 없다.
② 정보를 질서정연하게 조직화해 사고활동에 적시에 공급할 수 있다.
③ 정돈된 기동적인 정보가 사고를 활성화시킨다.
④ 사고의 생산성을 높인다.
⑤ 사고의 내용과 질을 높인다.
⑥ 정보의 활용도가 높아진다.
⑦ 정보를 얼마든지 대량으로 수용, 축적, 활용할 수 있다.
⑧ 사고력의 감각과 능력이 점차 향상된다.

그럼, 정보의 대뇌정리술에 대해 구체적인 방법을 소개하겠다. 포인트는 다음의 5가지다.

❶ 정보의 활용을 의식해 정보를 머리에 넣어둔다

정보를 접한 시점에서 어느 정도 취사선택해 선별하는 것은 물론이고 게다가 그것이 앞으로 어떤 경우, 어떤 테마에 사용될 것인지 일단의 전망을 예측하면서 기억하거나 머리에 넣어둘 것. 예측을 하는 것은 감으로도 되지만 처음부터 정보활용 단계에 관한 사항을 의식해두는 것이 결정적으로 중요하다.

❷ 정보를 쉽게 활용할 수 있는 아이디어를 찾는다

역시 활용할 것을 상정해 언제든지 끄집어 낼 수 있도록 연구하고 아이디어를 짜낼 것. 예를들어 분야, 테마, 분류항목 등의 라벨을 (머릿속에) 붙이거나 주소를 붙여둔다.

❸ 기존 정보와 결합시켜 머리에 넣어둔다

이미 머리에 들어있는 기존의 정보, 테마와 결합시켜 하나의 집합체로 기억할 것. 정보조직화의 중요한 노하우다.

❹ 새로 들어온 정보는 반추한다

새로 입력된 정보는 정착될 때까지 때때로 떠올려 반추해볼 것. 이것으로 중요한 정보의 손실을 막는다. 사소한 것 같지만 무시할 수 없는 중요한 노하우다.

❺ 정보를 체계화한다

　　머릿속의 정보가 늘어남에 따라 작은 테마, 큰 테마를 설정해 그와 관련된 정보군을 편성, 조직화, 체계화해 나갈 것. 이것이 제대로 되면 새롭게 들어오는 다양한 개별 정보도 그 체계 안에 집어넣어 위치를 정할 수 있다. 가장 본격적인 방법이면서, 한번 제대로 넣어두기만 하면 더 이상 그 정보를 잊어버리거나 놓치는 일은 없어진다.

　　이와 같은 정보의 대뇌정리술을 실천하고 지속시킴으로써 우리들은 정보검색도 자유자재로 되는 이상적인 뇌내정보 처리시스템을 갖출 수 있게 되는 것이다.

두뇌를 3% 더 활용하는
초사고 테크닉

2005년 1월 1일 1판 1쇄 인쇄
2005년 1월 5일 1판 1쇄 발행

지은이 · 나카가와 아키히코
옮긴이 · 김은진
펴낸이 · 조승식
펴낸곳 · 도서출판 이치 ichi

출판등록 · 제 9-128호
142-877 서울시 강북구 수유2동 258-20
대표전화 · 02-994-0583 / 팩시밀리 · 02-994-0073
E-mail · bookswin@unitel.co.kr

ISBN · 89-91215-02-5

값 9,000원

————————— · ————————— · —————————

도서공급처 : (주)도서출판 북스힐
142-877 서울시 강북구 수유2동 258-20
전화 : 994-0071
FAX : 994-0073